Martin Blath

Das Bewerbungsgespräch

Fit für den Job

- Die gründliche Vorbereitung
- Tipps für das Gespräch
- Fangfragen und Fettnäpfchen

Eichborn

1 2 3 4 07 06 05

Umschlaggestaltung: Christina Hucke
Layout: Susanne Reeh
Satz: Fotosatz Reinhard Amann, Aichstetten
Druck und Bindung: Fuldaer Verlagsanstalt, Fulda
ISBN 3-8218-5891-5

Verlagsverzeichnis schickt gern:
Eichborn Verlag, Kaiserstraße 66, D-60329 Frankfurt/Main
www.eichborn.de

Inhalt

Einleitung: Auf der Zielgeraden

Sie haben es bereits bis zum Termin für ein Bewerbungsgespräch geschafft? Dann können Sie sich auf die Schulter klopfen! Denn eine Einladung gilt schon mal als die halbe Miete – vor allem in Zeiten hoher Arbeitslosigkeit. Dennoch ist Vorsicht angesagt. Immer wieder passiert es, dass selbst hoch qualifizierte Bewerber ihren Vorsprung quasi noch auf den letzten Metern vor der Zielgeraden an die „Konkurrenz" verlieren. Der Grund liegt meistens auf der Hand: mangelnde Vorbereitung auf den Termin mit dem Firmeninhaber oder Personalchef.

Im Vorstellungsgespräch geht es um dasselbe Ziel wie bei der schriftlichen Bewerbung, die Sie ja offenbar mit Bravour gemeistert haben: sich selbst sowie seine beruflichen und menschlichen Qualitäten ins rechte Licht zu rücken. Trotzdem gibt es einen großen Unterschied: Ihre Bewerbungsunterlagen konnten Sie in aller Ruhe und Gelassenheit in den eigenen vier Wänden (und mit Unterstützung von Freunden und Bekannten) zusammenstellen.

Beim persönlichen Kennenlernen Ihres gewünschten Arbeitgebers sieht die Sache ganz anders aus. Sie sind allein auf sich gestellt und müssen oft innerhalb von Sekunden auf unvorhersehbare Situationen reagieren oder heikle Fragen überzeugend beantworten. Die entscheidende Fähigkeit, hier einen einigermaßen kühlen Kopf zu bewahren und damit Stolpersteinen aus dem Weg zu gehen, wird den wenigsten Menschen in die Wiege gelegt. Um so wichtiger ist es, das Bewerbungsgespräch äußerst sorgfältig vorzubereiten und zu trainieren.

Wie das funktioniert, steht in diesem Buch. Sie erfahren beispielsweise, warum es wichtig ist, sich vorab ausführlich über die Firma zu informieren, wie Sie das Lampenfieber in den Griff bekommen und wie Sie sich nach dem Vorstellungstermin verhalten sollten. Wenn Sie diese und viele andere wertvolle Hinweise beachten, werden Sie das Gespräch ebenso gut meistern wie Ihre schriftliche Bewerbung – und damit der zweiten Hälfte der Miete ein großes Stück näher kommen. Ich wünsche es Ihnen!

Wie bereite ich mich auf das Gespräch vor?

„Drum prüfe, wer sich ewig bindet." Diese wohlmeinende Mahnung aus Großmutters Zeiten gilt im übertragenen Sinne auch für das Bewerbungsverfahren. „Ewig" ist in diesem Fall sicher etwas übertrieben. Aber wenn man sich an einen neuen Arbeitgeber „binden" möchte, richtet man sich in der Regel auf eine längere Zusammenarbeit ein. Ähnlich wie in einer Ehe oder Partnerschaft haben beide Seiten hohe Erwartungen aneinander und an die gemeinsame Zeit. Eine genaue Prüfung, inwieweit die jeweiligen Vorstellungen unter einen Hut passen, ist daher unumgänglich. Darum geht es im Vorstellungsgespräch.

Überzeugend ins Finale

Im Gegensatz zu vielen anderen Kandidaten haben Sie bereits einen wichtigen Schritt in Richtung „Bindung" zurückgelegt: Sie wurden zur persönlichen Vorstellung eingeladen. Dieser Bonus zeigt, dass Sie die Firma mit Ihren schriftlichen Unterlagen neugierig gemacht haben. Allerdings liegt die größere Hürde noch vor Ihnen: Nur wenn Sie es schaffen, Ihre Fähigkeiten im Bewerbungsgespräch überzeugend zu untermauern, kommen Sie in die Endausscheidung.

TIPP

Gleichberechtigt
Der Arbeitgeber und Sie sind gleichberechtigte Verhandlungspartner, weil Sie sich gegenseitig etwas zu bieten haben. Das unterstreichen Sie durch ein selbstbewusstes Auftreten.

Ins rechte Licht rücken

Beim Vorstellungstermin steht für beide Seiten viel auf dem Spiel: Sie möchten einen interessanten und gut bezahlten Arbeitsplatz und Ihr Gegenüber möchte einen Mitarbeiter, der fachlich und menschlich in die Firma passt. Deshalb müssen sich die Verhandlungspartner möglichst gut „verkaufen". Allerdings sitzt der Arbeitgeber am längeren Hebel, weil er wesentlich mehr Auswahlmöglichkeiten hat als Sie. Ihre Selbstdarstellung steht im Mittelpunkt des Geschehens. Sich selbst darstellen heißt, sich und seine Qualifikation ins rechte Licht rücken. Meistern Sie die Aufgabe mit einem gesunden Selbstbewusstsein, aber versuchen Sie nicht, jemanden darzustellen, der Sie nicht sind. Bleiben Sie natürlich.

Alle Anforderungen erfüllt?

Die schriftlichen Bewerbungsunterlagen haben der Firma ein erstes Bild über den Kandidaten geliefert. Da Papier aber bekanntlich geduldig ist, soll dieser erste Eindruck beim Vorstellungstermin vertieft werden. Außerdem zählen ja nicht nur Fachkenntnisse. Ebenso wichtig sind die persönlichen Qualitäten eines Menschen. Für den Personalchef oder Inhaber ist eine Frage entscheidend: Welchen Nutzen bringt der neue Mitarbeiter der Firma? Für Sie ergeben sich aus dieser Frage drei wichtige Einzelfragen, auf die Sie im Gespräch schlüssige Antworten finden müssen:

- Bringe ich alle erforderlichen Kenntnisse für die gewünschte Stelle mit?
- Falls ich Defizite sehe: Wie kann ich sie schnell ausmerzen?
- Kann ich weiße Flecken im Lebenslauf glaubhaft begründen?

Stichhaltig begründen

Umfassende Fertigkeiten sagen noch nichts darüber aus, wie sie ein Mitarbeiter anwendet. Geht ihm die Arbeit eher langsam von der Hand oder ist er engagiert und umtriebig? Diese Frage möchte der Interviewer im Bewerbungsgespräch ebenfalls klären. Wenn Sie die folgenden Punkte beachten, können Sie nicht viel falsch machen:

- Zeigen Sie, dass Sie Ihren Beruf „lieben" und an der Stelle großes Interesse haben.
- Liefern Sie stichhaltige Gründe, warum Sie sich ausgerechnet für diese Firma und den Job entschieden haben.
- Demonstrieren Sie durch Ihr Auftreten, dass Sie zupacken können.

TIPP

Nicht zu viel und nicht zu wenig
Tragen Sie bei der Darstellung Ihrer Vorzüge nicht zu dick auf. Das kriegen die meisten Gesprächspartner schnell mit. Allzu große Bescheidenheit ist aber ebenfalls fehl am Platz. Wenn Sie wissen, was Sie können, brauchen Sie damit nicht hinterm Berg zu halten.

Der Gesamteindruck zählt

Neben Fachwissen und Leistungsbereitschaft legt die Firma auf einen weiteren Gesichtspunkt großen Wert: auf die charakterliche Eignung des Kandidaten. Denn was nützen die besten Kenntnisse, wenn der neue Kollege durch sein gesamtes Verhalten den Betriebsablauf eher stören würde? Hier richtet der Interviewer den Blick beispielsweise auf Umgangsformen, Sprache, Aufgeschlossenheit und Teamgeist.

Was erwartet mich im Gespräch?

Auf welches Umfeld Sie bei Ihrer persönlichen Vorstellung treffen werden und wer alles daran teilnehmen wird, lässt sich nur in groben Zügen vorhersagen. Wenn Sie sich zum Beispiel als Bürokraft bei einem Sanitärbetrieb mit fünf Beschäftigten bewerben, werden Sie im Vorstellungsgespräch wahrscheinlich mit dem Inhaber alleine sein. In größeren Firmen kommt es dagegen häufig vor, dass neben dem Personalchef noch der Abteilungsleiter mit am Tisch sitzt. Möglich ist auch, dass Sie nacheinander mit den beiden Firmenvertretern sprechen werden.

Zudem kann noch ein Mitglied des Betriebs- oder Personalrates anwesend sein. Achten Sie bei mehreren Teilnehmern darauf, dass Sie Ihren Blick abwechselnd von einem zum anderen schweifen lassen. Kalkulieren Sie für die Befragung einen Zeitraum zwischen dreißig Minuten und eineinhalb Stunden ein. Die Dauer des Gesprächs hängt unter anderem von Ihrer bisherigen beruflichen Laufbahn ab. Hier gilt die Formel: Je mehr Berufsjahre Sie mitbringen, umso länger zieht sich das Interview hin.

Alle Teilnehmer einbeziehen

Wenn mehrere Firmenvertreter beim Gespräch dabei sind, sagen einige davon oft keinen einzigen Ton. Schauen Sie sie trotzdem immer wieder mal an. Denn damit zeigen Sie, dass Sie jeden Teilnehmer einbeziehen.

TIPP

Aufschreiben und vorlesen

„Weshalb haben Sie sich gerade bei uns beworben?" Fragen dieser Art kommen in jedem Bewerbungsgespräch vor. Dahinter verbergen sich noch mehr Fragen. Denn Ihr künftiger Arbeitgeber möchte Sie möglichst genau kennen lernen – also herausfinden, wo Ihre beruflichen und persönlichen Stärken und Schwächen liegen. Anhand Ihrer Antworten zieht er Rückschlüsse darauf, ob Sie fachlich für die Position geeignet sind und ob Sie von Ihrer Persönlichkeit her zur Firma und zu den Kollegen passen. Auf diese entscheidende Phase des Gesprächs sollten Sie besonders gut vorbereitet sein. Oft fallen einem beim Nachdenken über sich selbst nicht alle Einzelheiten ein. Deshalb empfiehlt es sich, die wichtigsten Punkte ehrlich aufzuschreiben und anschließend laut vorzulesen. Das bringt mehr und schneller Klarheit als stilles Nachdenken. Verschaffen Sie sich über folgende Punkte Gewissheit:

- Wie beschreibe ich mich in wenigen Sätzen selbst?
- Was kann ich, was kann ich nicht so gut?
- Was kann ich besonders gut?
- Welche meiner Fähigkeiten passen besonders gut zu der Firma?
- Was interessiert mich an meinem Beruf am meisten – und warum?
- Was gefällt mir an der Firma und an dem Job, um den ich mich bewerbe?
- Was schätzen meine Freunde, Kollegen und Vorgesetzten an mir?

- Welche beruflichen Ziele möchte ich erreichen?
- Warum soll die Firma ausgerechnet mir den Job geben?
- Bin ich bereit, mich auf neue Aufgaben einzulassen und Neues zu lernen?

Wenn Sie sich in einigen Punkten unsicher sind oder Fragen nur schwer beantworten können, sprechen Sie mit Freunden und Bekannten darüber. Erkundigen Sie sich, wie Sie von ihnen gesehen werden und wo sie Ihre Stärken und Schwächen vermuten. Wenn Sie diese Meinungen mit Ihrer Selbsteinschätzung vergleichen, kommen Sie besser zu einem runden Bild von sich selbst. Das ist wichtig, denn Ihr künftiger Arbeitgeber erwartet von Ihnen, dass Sie diese Fragen klar und deutlich beantworten – und auch begründen können. Um nicht ins Stocken zu geraten, sollten Sie die Antworten auswendig lernen, bis sie sitzen.

Den Spiegel vorhalten **TIPP**

Stellen Sie sich beim lauten Auswendiglernen vor den Spiegel. Achten Sie darauf, ob Ihnen die Antworten flüssig und überzeugend über die Lippen kommen. Das gibt Ihnen zusätzlich Sicherheit für den „Ernstfall“.

Gut informiert ist halb gewonnen

Ein wichtiges Thema bei der gründlichen Vorbereitung des Bewerbungsgesprächs sind ausführliche und genaue Informationen über die Firma, bei der Sie arbeiten möchten. Dazu gehören zum Beispiel folgende Bereiche:

- Welche Produkte oder Dienstleistungen bietet die Firma an?
- An welche Kunden werden sie verkauft?
- Welche Konkurrenten gibt es?
- Wie behauptet sich die Firma innerhalb der Branche?
- Wie viele Mitarbeiter sind beschäftigt?

Je mehr Sie über Ihren künftigen Arbeitgeber wissen, desto mehr Sicherheit gewinnen Sie im Gespräch. Damit sind Sie erstens für Fragen Ihres Gegenübers gewappnet, zweitens bekommen Sie einen Pluspunkt. Sie zeigen damit echtes Interesse und können Ihr Wissen in das Gespräch einbringen. Eine scheinbar unverfängliche, häufig gestellte Frage lautet: „Was wissen Sie über uns?" Wer hier schon grübelt oder stammelt, hat schlechte Karten. Hilfreich ist es zudem, wenn Sie sagen können, woher Sie die Informationen haben. Antworten wie „Das hab' ich irgendwo gehört" oder „Weiß ich nicht mehr" kommen nicht so gut an. Allerdings wird von Ihnen auch nicht erwartet, dass Sie die Firma bereits bis in alle Einzelheiten kennen. Denn das Vorstellungsgespräch ist ja auch dazu da, offene Fragen zu klären.

Wo gibt's die Informationen?

Stellenanzeigen verraten in der Regel nur wenig über einen Betrieb. Deshalb müssen Sie selbst auf Erkundungstour gehen. Die meisten Firmen sind inzwischen im Internet vertreten. Ein Blick auf die Homepage liefert einen ersten Überblick oder Hinweise auf zusätzliche Informationsquellen. Außerdem gibt es im Internet (über Suchmaschinen) oft allgemeine Informationen über die betreffende Branche und deren aktuelle Lage.

Gute Informationsquellen bei größeren Firmen sind etwa Produktkataloge, Selbstdarstellungsbroschüren oder Jahresberichte (Geschäftsberichte). In diesen Fällen ist Zurückhaltung fehl am Platz: Fragen Sie die Firma, ob man Ihnen dieses Material zusendet. Bei kleineren Betrieben kann es helfen, sich das Produktions- oder Verwaltungsgebäude vor dem Bewerbungsgespräch zumindest einmal von außen anzusehen. Weitere Quellen:

- Berichte über die Firma in Tageszeitungen oder Fachzeitschriften
- Industrie- und Handelskammer beziehungsweise Handwerkskammer
- Arbeitgeberverband
- Gewerkschaft
- Berufsverbände

TIPP

Wer sitzt mir gegenüber?

Erkundigen Sie sich vorher, mit wem Sie es beim Bewerbungsgespräch zu tun haben (Name, Position, eventuell Doktortitel). Ist Ihr Gesprächspartner derjenige, der die Einladung zum Termin unterschrieben hat? Nicht erschrecken, wenn ein weiterer Firmenvertreter am Tisch sitzt (beispielsweise der Abteilungsleiter). Merken Sie sich seinen Namen, damit Sie ihn persönlich ansprechen und sich ebenso verabschieden können.

Nicht vergessen

- Persönliche und fachliche Stärken und Schwächen notieren
- Welchen Nutzen bringe ich der Firma?
- Was habe ich bisher beruflich erreicht?
- Wo liegen meine besonderen Fähigkeiten?
- Selbstbewusst auftreten, aber natürlich bleiben
- Freunde und Bekannte fragen, wie sie mich und meine Fähigkeiten einschätzen. Dieses Bild mit meiner Selbsteinschätzung vergleichen
- Umfassende Informationen über die Firma sammeln

Ohne Stress zum Termin

Sobald Sie die meist schriftliche Einladung zum Vorstellungsgespräch bekommen haben, überlegen Sie sich genau, ob der Termin bei Ihnen in den Ablauf des betreffenden Tages passt. Bedenken Sie, dass man ein solches Gespräch nicht eben mal zwischen Tür und Angel führen kann. Denn unter Umständen hängt davon Ihre berufliche Zukunft ab. Wie viel Zeit brauchen Sie? Müssen Sie eventuell einen Tag Urlaub nehmen? Sollten Sie an diesem Tag andere wichtige Verpflichtungen haben, bitten Sie die Firma *sofort* telefonisch um einen neuen Termin. Aber nur dann, wenn es wirklich wichtige Gründe sind, die Sie der Firma auch nennen. Freizeitaktivitäten, ein Kurzurlaub oder sonstige private Vorhaben gehören nicht dazu. Dafür wird Ihr Gesprächspartner kein Verständnis haben.

Neuen Termin vorschlagen

TIPP

Überlegen Sie sich vor der Bitte um Terminverschiebung ein neues Datum und schlagen Sie es der Firma vor. Damit machen Sie deutlich, dass Ihnen das Bewerbungsgespräch wichtig ist und Sie es so bald wie möglich nachholen möchten.

Pünktlich und entspannt

Wenn Sie zum vereinbarten Termin unpünktlich kommen, wirft das von Anfang an ein schlechtes Licht auf Sie. Ihr Gesprächspartner wird daraus Rückschlüsse auf Ihr gesamtes Arbeitsverhalten ziehen. Selbst wenn Sie nur wenige Minuten zu spät sind, könnte man das als Unzuverlässigkeit werten. Deshalb gilt: Planen Sie die erforderliche Zeit großzügig und bauen Sie Puffer für unvorhersehbare Ereignisse wie Staus oder schlechtes Wetter ein. Entschuldigungen nach dem Muster „Mein Zug hatte Verspätung“ sind tabu. Pünktlichkeit ist auch aus einem anderen Grund wichtig: Wenn Sie sich hetzen müssen, gehen Sie bereits gestresst ins Gespräch. Das ist eine schlechte Voraussetzung für eine erfolgreiche persönliche Bewerbung. Fahren Sie so rechtzeitig los, dass Sie mindestens 15 Minuten vor dem Termin ankommen. Dann können Sie noch einmal entspannt durchatmen.

TIPP

Nicht zu früh kommen
Zu spät kommen ist quasi eine Todsünde. Aber allzu früh sollten Sie auch nicht sein. Ideal ist es, wenn Sie 15 Minuten vor dem Termin vor Ort sind, damit Sie noch einmal tief Luft holen können. Am Empfang sollten Sie sich etwa 5 Minuten vor dem Termin melden.

Was nehme ich mit?

Im Rahmen Ihrer Vorbereitung auf das Gespräch haben Sie sich diverse Informationen über die Firma beschafft. Diese Unterlagen und Ihre Notizen mit Fragen an den Betrieb sollten Sie sicherheitshalber zum Termin mitnehmen. Darüber hinaus gehört Folgendes in die Aktentasche:

- Schriftliche Einladung zum Bewerbungsgespräch
- Anschrift und Telefonnummer der Firma
- Wegbeschreibung
- Notizblock und funktionierende Stifte
- Kalender

Was ziehe ich an?

Der erste Eindruck von einem Menschen ist meistens der entscheidende. Und er kommt vor allem über das Äußere zustande. Achten Sie deshalb bei der Vorbereitung des Bewerbungsgesprächs auf Ihre Kleidung. Orientierungspunkte sind beispielsweise die Branche der Firma und/ oder ob Sie dort Kontakt mit Kunden haben werden. Es ist also ein Unterschied, ob Sie sich als Einkaufssachbearbeiter in einem Fachhandel für Autozubehör oder als Außendienstmitarbeiter einer Versicherung bewerben. In der Regel gilt: Die Kleidung zum Vorstellungsgespräch entspricht derjenigen, die in der angestrebten Position getragen wird (aber nicht im „Blaumann" erscheinen ...).

Dass sämtliche Kleidungsstücke sauber und in Ordnung sind, ist selbstverständlich. Achten Sie darüber hinaus auf den tadellosen Sitz Ihrer Kleidung: Man sollte spüren, dass Sie sich darin wohl fühlen.

! TIPP

Nicht zerknittern

Kleider machen nur dann Leute, wenn sie nicht zerknittert oder verschwitzt sind. Beachten Sie das vor allem im Sommer und bei einer längeren Anreise zu Ihrem Bewerbungsgespräch. Unter Umständen ist es sinnvoll, Ersatzkleidung (etwa ein frisches Hemd oder eine Bluse) dabeizuhaben.

Nicht in den Farbkasten fallen

Weniger ist bekanntlich oft mehr. Diese Verhaltensregel trifft beim Vorstellungstermin unter anderem auf Parfüm oder Rasierwasser zu. Wenn Sie Pech haben, kann Ihr Gesprächspartner ausgerechnet Ihre Marke absolut nicht ausstehen. Daher sollte hier nicht zu dick aufgetragen werden. Dasselbe gilt (bei Frauen) für Haare, Schmuck und Make-up. Ausladende Ohrgehänge, auffällig lackierte Fingernägel, knallroter Lippenstift oder offen getragene Haare können leicht zu einem falschen ersten Eindruck führen. Den können Sie anschließend oft nicht mehr wettmachen. Besonders wichtig sind gepflegte und saubere Hände (Fingernägel!). Denn Ihre Hände sind Ihre Visitenkarte, an der geschulte Personalchefs einiges ablesen können.

Vorsicht, Knoblauch!

Wenn Ihr Gegenüber Sie im wahrsten Sinne des Wortes nicht riechen kann, haben Sie schon verloren. Das kann etwa dann passieren, wenn Sie fünf Minuten vor dem Termin schnell noch eine Zigarette geraucht haben. Faustregel: Mindestens 20 Minuten vorher nicht mehr qualmen und dann ein Pfefferminz lutschen. Die Kleidung darf ebenfalls nicht mehr nach Rauch riechen. Einen schlechten Eindruck hinterlässt man zudem, wenn am Abend vor dem Bewerbungsgespräch ein „Bierchen zu viel" getrunken wurde. Alkoholhaltiges Mundwasser ist ebenfalls nicht ratsam. Und denken Sie auch daran, dass Knoblauch eine Duftwolke verbreiten kann, die andere Menschen auf die Palme bringt.

Nicht verdunkeln **TIPP**
Treten Sie beim Vorstellungsgespräch nicht komplett in Schwarz auf. Das wirkt abweisend. Ein grelles Rot ist auch nicht der Weisheit letzter Schluss. Am besten machen sich dezente und eher unauffällige Farben.

Nicht vergessen

- Wenn mir der Terminvorschlag nicht passt, sofort einen neuen vorschlagen
- Am Abend vorher alle Unterlagen bereitlegen
- Für die Anreise genügend Zeit einplanen und unvorhersehbare Ereignisse einkalkulieren
- Nicht zu früh kommen
- Männer: ordentlich rasiert. Frauen: kein Minirock und auch im Sommer Strümpfe
- Saubere und ordentliche Kleidung (frisch gebügelt), gepflegte Schuhe
- Eventuell Ersatzkleidung (Strümpfe, Bluse/Hemd)
- Rasierwasser und Parfüm dezent oder gar nicht verwenden, Make-up nicht zu dick auftragen, unauffälliger Schmuck
- 20 Minuten vor dem Gespräch nicht mehr rauchen
- Am Abend vorher keinen Knoblauch essen und, wenn überhaupt, nur mäßig Alkohol trinken

Das Bewerbungsgespräch trainieren

Jedes Vorstellungsgespräch verläuft anders. Aus diesem Grund lässt es sich nicht bis in alle Einzelheiten planen. Ihren Anteil – also wie Sie sich überzeugend darstellen und verhalten – können Sie jedoch sehr wohl sorgfältig organisieren und trainieren. Ein erster Schritt sind Selbstgespräche. Das kann beispielsweise so gehen: Notieren Sie sich mögliche Fragen Ihres Gegenübers und stellen Sie sich die Situation am Tag des Gesprächs vor. Dann lesen Sie die Fragen laut vor, denken über die Antwort nach und sprechen das Gedachte wiederum laut aus – so als säße Ihnen tatsächlich jemand gegenüber. Das mag Ihnen anfangs vielleicht komisch vorkommen, aber nach einigen Übungen werden Sie feststellen, dass man immer sicherer wird. Denn es ist ein großer Unterschied, ob Sie leise oder „laut“ denken.

Frage-Antwort-Training

TIPP

Trainieren Sie Ihre Antworten auf Fragen wie „Erzählen Sie doch mal was von sich!“ besonders intensiv. Hier ist die Kunst gefragt, in wenigen Sätzen das Wesentliche frei zu formulieren. Und das kann ganz schön schwierig sein.

Noch besser funktioniert das Frage-Antwort-Spiel, wenn Sie Ihre Aussagen auf einen Kassettenrekorder sprechen. Beim Abspielen sollten Sie sich nicht von Ihrer ungewohnt klingenden Stimme abschrecken lassen. Sie kommt nur Ihnen fremd vor. Diese Art des Übens hat einen großen Vorteil: Sie können genau überprüfen, ob Sie klar und deutlich sprechen – und damit bei Ihrem Gesprächspartner wichtige Punkte sammeln. Wer sich hier etwa beim Murmeln, Nuscheln oder zu schnellen Sprechen ertappt, kann solche Schnitzer problemlos ausbügeln. Wiederholen Sie die Aufnahmen, bis Sie mit dem Gesagten und Ihrer Aussprache zufrieden sind.

Spielend lernen

Vier Augen sehen mehr als zwei. Wenn Sie das Bewerbungsgespräch zusammen mit einem Freund oder einer Freundin trainieren, sind Fehler noch deutlicher zu erkennen und leichter auszumerzen. Weiterhin können diese Personen eventuell eigene Erfahrungen und praktische Tipps zum Thema Vorstellungsgespräch beisteuern. Ihr „Spielpartner" übernimmt die Rolle Ihres künftigen Arbeitgebers, und Sie beantworten seine Fragen. Allerdings sollten Sie die Situation nicht als Spiel betrachten, sondern um des wirklichen Lernens willen ernst nehmen. Das Rollenspiel ist auch eine gute Möglichkeit, über sich selbst und seinen bisherigen beruflichen Werdegang zu sprechen. Üben Sie diesen Teil des Gesprächs haarklein, denn das freie Reden fällt den meisten Menschen nicht leicht. Aber bei kaum einem Vorstellungstermin werden Sie um diese schwierige Übung herumkommen.

Rollentausch
Spielen Sie das Spiel auch mal andersherum: Sie sind der Arbeitgeber und Ihr Partner ist der Bewerber. Von der anderen Seite des Schreibtischs sieht manches anders aus.

TIPP

Kamera läuft!

Noch mehr als vier Augen sieht eine Filmkamera. Wenn Sie also die Möglichkeit haben, das nachgestellte Bewerbungsgespräch per Video aufzuzeichnen, sollten Sie diese Chance unbedingt nutzen. Am besten wiederum mit einem Freund oder einer Freundin. Bei der anschließenden Auswertung werden Sie so manches Aha-Erlebnis haben. Sie sehen und hören sich sprechen:

- Wie ist meine Stimmlage?
- Spreche ich zu schnell?
- Nuschele ich?
- Spreche ich zu laut oder zu leise?

Außerdem können Sie Ihre Körperhaltung und -sprache kritisch unter die Lupe nehmen:

- Sitze ich gerade und aufrecht?
- Wirke ich entspannt und selbstsicher?
- Schaue ich meinem Gesprächspartner in die Augen?
- Was mache ich mit den Händen?

Ein Videofilm hat darüber hinaus den Vorteil, dass Sie die Reaktionen Ihres Gegenübers auf Ihre Darstellung sehen und Ihr Verhalten entsprechend ändern und verbessern können. Auch hier gilt: Machen Sie so viele Aufzeichnungen, bis Sie den Eindruck haben, sich selbst und Ihre Fähigkeiten überzeugend „verkaufen“ zu können. (Siehe auch „Wie verhalte ich mich im Bewerbungsgespräch?“)

Nicht vergessen

- Auf Stimme und Tonfall achten
- Überlegen, wie das Gespräch verlaufen könnte
- Tipps von Freunden und Bekannten erfragen und eventuell trainieren
- Die Selbstdarstellung („Erzählen Sie doch mal was von sich“) besonders gut einstudieren

Wie verhalte ich mich im Bewerbungsgespräch?

Die ersten Minuten des Bewerbungsgesprächs sind möglicherweise entscheidend. Denn wie mehrfach erwähnt, bildet sich Ihr Gesprächspartner in dieser Phase seine erste Meinung. Diese so genannte Kontaktphase beginnt bei größeren Unternehmen am Empfang, bei kleineren meist dann, wenn Sie das Büro des Inhabers oder des Personalchefs betreten. Vielleicht werden Sie von einer Sekretärin am Empfang abgeholt. Seien Sie zu dieser „Wegbegleiterin" durch die Firma genauso höflich und freundlich wie zu Ihrem direkten Gesprächspartner. Wenn Sie ihm gegenüber ebenfalls „Das kleine ABC der Höflichkeit" anwenden, sind Sie erst mal auf der sicheren Seite und schaffen schnell eine angenehme Atmosphäre:

- Stehen Sie aufrecht (Bauch rein, Brust raus).
- Stellen Sie sich klar und verständlich mit Vor- und Nachnamen vor – es sei denn, Ihr Gesprächspartner begrüßt Sie bereits mit Ihrem Namen.
- Falls Sie feuchte Finger haben, kurz vorher mit einem Papiertaschentuch abtrocknen.

- Erwidern Sie einen festen Händedruck Ihres Gesprächspartners genauso fest, aber auch nicht zu fest.
- Es macht einen schlechten Eindruck, wenn Sie nicht die ganze Hand, sondern nur einige Finger reichen („Schwabbelhand“). Das kann als Zeichen von Antriebslosigkeit gewertet werden.
- Falls der Inhaber oder Personalchef Sie nicht mit Handschlag begrüßt: nicht aufdrängen.
- Wenn Sie seinen Namen nicht verstanden haben, *sofort* nachfragen und bei nächster Gelegenheit notieren. Sprechen Sie ihn während des Gesprächs immer wieder mal (aber auch nicht bei jedem Satz) mit seinem Namen an – das hört jeder Mensch gern und bringt Ihnen Sympathiepunkte.

TIPP

Vorsicht, Ring!
Achten Sie darauf, ob Ihr Gesprächspartner Ringe an der Hand trägt. In diesem Fall ist Vorsicht geboten: Fassen Sie die angebotene Hand richtig und drücken Sie nicht zu fest zu. Sonst könnte Sie der andere bereits von der Begrüßung an in schmerzlicher Erinnerung haben.

Bitte nehmen Sie Platz!

Der Teufel steckt bekanntlich im Detail. Diese Volksweisheit trifft auch auf eine scheinbar unverfängliche Situation zu: die Platzwahl. Hier sind ebenfalls ein paar einfache Regeln zu beachten, die das Leben leichter machen:

- Normalerweise wird man Ihnen einen Platz anbieten und mit einer Geste andeuten, wo Sie sitzen sollen.
- Nehmen Sie diesen Platz ein – aber erst dann, wenn man Sie zum Sitzen auffordert.
- Sitzt der Arbeitgeber schon, während Sie noch im Raum stehen, fragen Sie freundlich, ob Sie sich auch setzen dürfen.
- Falls Sie sich einen Platz aussuchen dürfen, nehmen Sie einen Stuhl gegenüber Ihrem Gesprächspartner. Setzen Sie sich in keinem Fall neben ihn. Erstens können Sie ihn dann schlecht beobachten und ihm in die Augen sehen, zweitens kommt diese direkte Nähe eventuell nicht so gut an.
- Nutzen Sie die gesamte Fläche des Stuhls aus und nicht nur die vordere Kante. Sonst könnte der Eindruck entstehen: „Der ist auf dem Sprung und will gleich wieder weg."
- Arme und Hände gehören an den Körper – und nicht auf die Tischkante.
- Ebenso tabu sind das Wippen mit dem Stuhl und das Wackeln mit den Beinen. Kurzum: Nehmen Sie eine

entspannte und vor allem aufmerksame Sitzhaltung ein. Zu lässig sollten Sie keinesfalls wirken.

- Möglicherweise bietet man Ihnen etwas zu trinken an. Hier etwas Alkoholisches zu wählen, käme einer „Todsünde" gleich.
- Verzichten Sie während des gesamten Gesprächs aufs Rauchen.
- Legen Sie einen Notizblock und einen Kugelschreiber bereit.

TIPP

Haltung wahren
Zeigen Sie durch Ihre Körperhaltung, dass Sie aufmerksam und interessiert in das Gespräch gehen.

Wie war die Fahrt?

Wie jedes andere Kennenlernen beginnt auch das Bewerbungsgespräch mit einer Aufwärmphase. Man spricht über das Wetter, oder der Interviewer fragt Sie, ob Sie eine gute Fahrt hatten. Solche belanglosen Themen schaffen eine freundliche Atmosphäre und nehmen Ihnen etwas vom Lampenfieber. In dieser Situation liegen allerdings auch wieder Stolpersteine bereit: Fangen Sie nicht an zu plaudern. Hüten Sie sich beispielsweise davor, den gerade erlebten Stau auf der Autobahn ausführlich zu schildern. Das wird Ihren Gesprächspartner wenig interessieren und Sie als geschwätzig entlarven. Gefragt sind kurze und höfliche Antworten wie „Danke, die Fahrt war gut“ oder „Ja, Regen hatten wir nun wirklich genug“. Wichtig ist allein, dass Sie sich offen, sympathisch und positiv geben.

Der erste Eindruck

Unterschätzen Sie den Smalltalk zu Beginn des Gesprächs nicht. Er findet in einem entscheidenden Moment statt – in den ersten Minuten des Kennenlernens. Und in diesen Minuten macht sich der Arbeitgeber den ersten Eindruck von Ihnen. Manche Personalleiter behaupten, dass sie nach fünf Minuten wissen, ob der Kandidat zur Firma passt oder nicht.

TIPP

Wirkung zeigen

Ihre fachlichen Fähigkeiten sind die eine Seite der Medaille. Ob Sie den Job bekommen oder nicht, hängt zum großen Teil aber auch von der Persönlichkeit und Ausstrahlung des Kandidaten ab. Davon möchte sich Ihr künftiger Chef im Vorstellungsgespräch ein möglichst umfassendes Bild machen. Dabei hilft ihm beispielsweise die Körpersprache. An ihr zeigt sich unter anderem, ob der Bewerber ruhig und selbstbewusst oder nervös und unkonzentriert ist. Natürlich ist jeder beim Vorstellungstermin mehr oder weniger aufgeregt – und neigt unbewusst zu entsprechenden Reaktionen des Körpers. Wenn Sie sich darüber im Klaren sind, können Sie Ihr Verhalten so steuern, dass Sie eine positive Ausstrahlung an den Tag legen.

TIPP

Handy aus!
Eingeschaltete Mobiltelefone und Armbanduhren mit Alarmfunktionen können schon im Kino für Unmut sorgen – im Bewerbungsgespräch erst recht.

Fest im Blick

Ein zentraler Bestandteil der Körpersprache sind die Augen beziehungsweise der Blickkontakt zum Gesprächspartner. Er sagt viel über das Selbstbewusstsein eines Menschen aus. Die goldene Regel lautet: Schauen Sie Ihrem Gegenüber während des gesamten Gesprächs fest, aber nicht verkrampft in die Augen. Damit zeigen Sie, dass Sie sicher, entspannt und aufmerksam sind. Und wenn dann noch an den richtigen Stellen ein Lächeln hinzukommt, können Sie weitere Punkte auf Ihrem Sympathiekonto verbuchen.

Schlechte Karten haben hingegen Bewerber, die dem Blick ihres Gesprächspartners nicht standhalten und immer wieder wegsehen oder ständig den Boden anstarren. Solche Verhaltensweisen machen deutlich, dass sie sich unwohl und der Situation nicht gewachsen fühlen. Außerdem kann das als mangelndes Interesse interpretiert werden. Damit dürfte der Vorstellungstermin dann wesentlich schneller beendet sein als geplant.

Den Blick schweifen lassen
Wenn mehrere Gesprächspartner am Tisch sitzen, richten Sie den Blick nicht nur auf denjenigen, dessen Frage Sie gerade beantworten. Schauen Sie alle Beteiligten abwechselnd an.

TIPP

Schultern hoch

„Setz dich gerade hin!" Kennen Sie diese Ermahnung aus Kindertagen? Gut, wenn man sie verinnerlicht hat. Denn sie macht das Leben – auch beim Bewerbungstermin – angenehmer. Wie die Augen sagt die Körperhaltung einiges über das Selbstbewusstsein eines Menschen aus. Wer etwa mit eingezogenen Schultern und gesenktem Kopf ins Gespräch geht, sammelt schon in den ersten Sekunden jede Menge Minuspunkte. Denn mit Selbstsicherheit hat diese Haltung nichts zu tun.

Viele Bewerber wissen zudem nicht, was sie mit ihren Händen anfangen sollen. Hier steht das nächste Fettnäpfchen bereit: Wer ständig mit dem Kugelschreiber spielt, an der Kleidung rumzupft oder mit den Fingern auf dem Tisch trommelt, entlarvt sich ebenfalls als unsicherer „Zappelphilipp“. Wenn Ihnen solche nervösen Reaktionen bekannt vorkommen, sollten Sie sich an folgenden Regeln orientieren:

- Krallen Sie sich mit Ihren Händen nicht ängstlich am Tisch oder an der Stuhllehne fest.
- Verkrampft hochgezogene Schultern lassen ebenfalls auf Unsicherheit schließen und geben ein ungünstiges Bild ab.
- Machen Sie sich immer wieder mal Notizen. Das sorgt für Abwechslung in der Körperhaltung und gibt Ihrem Gesprächspartner den Eindruck, dass Ihnen seine Worte wichtig sind.
- Wenn es zu Ihrer Persönlichkeit passt, unterstreichen Sie Ihre Aussagen mit Handbewegungen.

Tempo drosseln

Ruhe bewahren – das gilt auch für Stimme und Tonfall. Unter Anspannung neigt man beispielsweise zu schnellem Sprechen. Die Nachteile liegen auf der Hand: Man gerät ins Stolpern, verhaspelt sich und verliert den Faden. Das ist nicht nur für den Schnellredner, sondern auch für sein Gegenüber anstrengend. Darüber hinaus gehen Informationen verloren, weil kein Mensch das Gesagte in diesem Tempo verarbeiten kann. Wer allerdings die Zähne nicht auseinander kriegt, nervt seinen Gesprächspartner ebenfalls. Wie so oft geht es hier um den goldenen Mittelweg:

- Erst denken, dann reden – also nicht einfach drauflosquasseln.
- Achten Sie vor allem zu Beginn des Gesprächs auf ruhiges und verständliches Sprechen. Nach einigen Sätzen lässt die Anspannung ohnehin etwas nach.
- Antworten Sie nicht „wie aus der Pistole geschossen". Es macht durchaus einen guten Eindruck, kurze Denkpausen zwischen Frage und Antwort zu machen.
- Vermeiden Sie „Bandwurmsätze", an deren Ende weder Sie noch der Interviewer sich an den Anfang erinnern können.
- Sprechen Sie fließend – also ohne „Ähs", ständiges Räuspern oder nervöses Hüsteln.
- Bringen Sie Abwechslung in die Stimme. Eintönigkeit wirkt einschläfernd und lässt Rückschlüsse auf das Arbeitsverhalten zu.
- Versuchen Sie von Anfang an, sich dem Sprachverhalten Ihres Gegenübers anzupassen. Das führt zu einem guten gegenseitigen Verständnis.
- Lassen Sie Füllwörter wie „eigentlich", „also" oder „und so weiter" weg.
- Überflüssig sind auch „Szenewörter" wie „cool", „abgefahren" oder „out".

TIPP

Sprechen üben
Trainieren Sie Aussprache, Stimme und Tonfall einige Tage vor dem Bewerbungsgespräch. Üben Sie mit Freunden oder nehmen Sie einen Kassettenrekorder zu Hilfe.

Freundlichkeit siegt

Freundlichkeit und Höflichkeit sollten im Vorstellungsgespräch eine Selbstverständlichkeit sein – sind sie aber offenbar nicht. Immer wieder beklagen Arbeitgeber, dass es Bewerbern gerade daran fehle. Dabei ist es so einfach, mit freundlichem und zuvorkommendem Verhalten ein angenehmes Gesprächsklima zu schaffen. Außerdem überwindet man so erste – aber möglicherweise entscheidende – Hürden auf dem Weg zum neuen Job. Wie es gehen kann, zeigen einige Beispiele:

- Begrüßen Sie Ihren Gesprächspartner mit einem offenen Gesichtsausdruck und einem Lächeln. Schauen Sie ihm dabei in die Augen.
- Ein Dankeschön für die Einladung kann an dieser Stelle auch nicht schaden.
- Falls Ihnen etwas zu trinken angeboten wird, das Danke ebenfalls nicht vergessen.
- Lobende Worte über die Firma und ihre Produkte kommen immer gut an.
- Gehen Sie ruhig etwas näher auf Ihren

Gesprächspartner ein. Sie können ihn beispielsweise fragen, wie lange er schon in der Firma beschäftigt ist. Aber werden Sie nicht zu persönlich.

Aktiv einbringen

Wenn Sie sich im Vorstellungsgespräch „lammfromm" verhalten oder wie das Kaninchen vor der Schlange verharren, wird Ihr Gegenüber innerlich die Stirn runzeln. Bringen Sie sich aktiv in das Gespräch ein. Natürlich dürfen Sie ihm nicht ins Wort fallen, aber wie früher in der Schule den Finger zu heben ist auch nicht nötig. Stellen Sie Fragen. Damit zeigen Sie Aufmerksamkeit und Interesse. Und wenn Sie etwas nicht verstanden haben, fragen Sie nach. Das nimmt Ihnen keiner krumm. Schließlich brauchen Sie genügend Informationen, um eine wohl überlegte Entscheidung treffen zu können.

Sich aktiv einbringen gilt auch für das Zuhören. Der Interviewer sieht es Ihnen an, ob Sie seinen Ausführungen mit echtem Interesse folgen. Das hat auch für Sie selbst Vorteile: Ihnen entgeht nichts. Auch das nicht, was zwischen den Zeilen gesagt wird. Und genau darauf kommt es ja oft an. Runden Sie Ihr „aktives Zuhören" mit gelegentlichem Kopfnicken und kurzen Bemerkungen wie „Ach ja" oder „Sehr interessant" ab. Das bringt ein zusätzliches Plus, weil Sie wiederum Interesse signalisieren.

TIPP

Nicht verstellen
Verstellen Sie sich nicht. Einen geschulten Arbeitgeber können Sie damit nicht hinters Licht führen. Selbstverständlich sollen Sie einen positiven Eindruck hinterlassen – aber in der Ihnen eigenen Art. Das funktioniert viel besser als in einer antrainierten Rolle. Bleiben Sie immer Sie selbst.

Selbstbewusstsein ist Trumpf

Mit Ihren Bewerbungsunterlagen haben Sie die Firma fürs Erste überzeugt. Sonst hätte man Sie nicht zum Vorstellungstermin eingeladen. Die eigentliche Überzeugungsarbeit liegt jedoch noch vor Ihnen. Überzeugend auftreten können Sie jedoch nur, wenn Sie sich sicher fühlen – wenn Sie an sich und Ihre Fähigkeiten glauben. Das allein reicht für einen selbstbewussten Auftritt im Bewerbungsgespräch jedoch nicht aus. Denn in Stresssituationen neigen viele Menschen dazu, sich mehr auf die Stressbewältigung als auf ihre Stärken zu konzentrieren.

Einen großen Teil der Anspannung können Sie durch gute Vorbereitung wettmachen. In der Planungsphase geht es im Wesentlichen um zwei Dinge. Erstens: Sie machen sich ein genaues, ehrliches Bild von sich und Ihren Fähigkeiten. Zweitens: Sie informieren sich möglichst umfassend über die Firma und den Job, in dem Sie gerne arbeiten möchten. Wenn diese Aufgaben erfolgreich erledigt sind, ist übermäßige Angst fehl am Platz. Allerdings wird es kaum einen Kandidaten geben, der völlig locker und ohne jede Anspannung ins Gespräch geht. Das ist nicht weiter schlimm, denn jeder Personalchef weiß das und wird Ihnen eine bestimmte situationsbedingte Nervosität nicht übel nehmen.

Übrigens: Im Vorstellungsgespräch steht nicht nur für Sie, sondern auch für Ihren Gesprächspartner einiges auf dem Spiel: Trifft er bei der Auswahl der Bewerber falsche Entscheidungen, kann dies für die Firma weit reichende und teure Konsequenzen haben. Das heißt, der Interviewer steht vor einer schwierigen Aufgabe – und damit ebenfalls unter einem gewissen Stress.

Keine Angst vor der Angst

Die meisten Menschen fürchten sich vor Prüfungen. Und was ist das Bewerbungsgespräch anderes als eine Prüfung? Es ist also völlig in Ordnung, wenn Sie bereits zwei Tage vor dem Termin merken, wie Sie langsam nervös werden. Der Puls schlägt schneller, der Blutdruck steigt, wenn Sie an das Gespräch denken. Und am Tag selbst schlägt Ihnen vielleicht das Herz bis zum Hals. Auch das ist kein Grund zur Beunruhigung. Im Gegenteil: Die Aufregung hat auch Vorteile – sie schärft die Sinne und erhöht die Aufmerksamkeit.

Die Anspannung zeigt, wie wichtig Ihnen die neue Stelle ist. Sie sammeln also eher Pluspunkte. Mit Sicherheit käme es dem Arbeitgeber sogar merkwürdig vor, wenn Sie nach außen hin einen völlig gelassenen Eindruck machen würden. Dies könnte nämlich zu der Vermutung führen, dass Sie das Gespräch als „lockere Veranstaltung“ sehen und Ihnen nicht wirklich etwas an der Firma liegt.

TIPP

Langsam sprechen
Wenn Sie unter starkem Lampenfieber leiden, geht es zunächst darum, die ersten Minuten gut über die Bühne zu bringen. Achten Sie besonders auf langsames Sprechen. Die Anspannung lässt automatisch etwas nach, wenn Ihnen die ersten Sätze sicher über die Lippen gekommen sind.

Allerdings gibt es über die normale Aufregung hinaus Formen der Angst, die den Ablauf des Gesprächs negativ beeinflussen können: übermäßig starke Anspannung und Unsicherheit oder Probleme, die passenden Worte zu finden. Das kann sich bis zu einer regelrechten Blockade steigern, die Kandidaten aus Angst vor dem Versagen regelrecht verstummen lässt. Gegen diese Angst vor der Angst ist ein Kraut gewachsen. Als bestes vorbeugendes Mittel erweist sich immer wieder die optimale Vorbereitung. Spielen Sie alle denkbaren Möglichkeiten, wie das Gespräch verlaufen könnte, durch. Und zwar nicht nur im Kopf, sondern laut und am besten mit einem vertrauten Menschen. Sie werden feststellen, dass die Angst schwächer wird, je mehr Sie sich mit der Situation beschäftigen.

Kein Untergang

Falls die Angst Sie ganz heftig überkommt: Versuchen Sie, sich auszumalen, was im schlimmsten Fall passieren könnte – und ob davon die Welt unterginge. Erfahrungsgemäß geht sie nicht unter.

TIPP

Beim Termin selbst lässt die Anspannung oft schneller nach als gedacht. Weil man zum Beispiel feststellt, dass der Gesprächspartner ein sympathischer Mensch ist, mit dem man sich auf Anhieb gut versteht. Oder weil das Gespräch von der ersten Minute an einen angenehmen Verlauf nimmt. Wenn die Nervosität dennoch nicht weichen will, sollten Sie nicht den Helden spielen, sondern das Problem offen ansprechen. Damit ist die Luft raus, und Sie fühlen sich besser. Kaum ein Personalchef dürfte Ihnen diese Offenheit als Schwäche auslegen. Nachfolgend einige Tipps, mit denen Sie die Angst im Zaum halten können:

- Halten Sie den Tag des Gesprächs frei von weiteren wichtigen Terminen, damit Sie sich voll auf Ihre persönliche Vorstellung konzentrieren können.
- Vermeiden Sie am Tag zuvor größere Unternehmungen oder Anstrengungen.
- Wenn es möglich ist, nehmen Sie sich an diesem Tag frei.
- Treiben Sie am Abend vor dem Gespräch Sport oder gehen Sie eine Runde spazieren.
- Gehen Sie rechtzeitig zu Bett. Der Schlaf vor Mitternacht ist der erholsamste.
- Fahren Sie frühzeitig los, damit Sie nicht zusätzlich von Staus oder verspäteten Bussen und Bahnen gestresst werden.
- Rufen Sie sich immer wieder ins Gedächtnis, dass Sie das Gespräch bestens vorbereitet haben und deshalb nichts passieren kann.
- Versuchen Sie nicht, Ihre Anspannung zu unterdrücken. Das bleibt Ihrem Gesprächspartner nicht verborgen.
- Drehen Sie vor dem Termin noch eine Runde an der frischen Luft und atmen Sie dabei tief durch die Nase ein und durch den Mund aus. Das entspannt Körper und Geist.

Keine Medikamente
Verzichten Sie auf Beruhigungspillen, weil sich ihre Wirkung nie genau einschätzen lässt. Wenn Sie gut vorbereitet sind, kann nichts Schlimmes passieren.

TIPP

Vorsicht, Falle!

Sie möchten sich im Bewerbungsgespräch möglichst gut „verkaufen". Ihre positiven Eigenschaften und Stärken stehen im Vordergrund Ihrer Auskünfte. Stellen Sie sich aber darauf ein, dass der Arbeitgeber nicht nur Ihre Sonnenseite kennen lernen will. Er könnte deshalb versuchen, Sie in eine Plauderei zu verwickeln, in der Sie unbedacht Dinge preisgeben, die Sie so nicht erzählen wollten. Dieser Gefahr können Sie entgehen, indem Sie seine Fragen kurz und bündig beantworten und sich auf das Wesentliche beschränken. Überlegen Sie vor dem Gespräch genau, was Sie über sich und Ihren Beruf sagen wollen. Eine gute Vorbereitung ist auch hier das A und O.

Mitschreiben
Notieren Sie die wichtigsten Dinge auf einem Notizblock. Das entlastet Ihr Gedächtnis und erhöht die Konzentration. Und es macht einen guten Eindruck.

TIPP

Ich will den Job!

Im Idealfall denkt der Arbeitgeber nach dem Gespräch: „Genau der/die ist es, und eigentlich brauche ich keine weiteren Bewerber mehr zu sehen.“ Um dieses Ziel zu erreichen, muss er überzeugt sein, dass Sie Ihren Beruf lieben. Und er soll spüren, dass Sie unbedingt in seiner Firma und in der gewünschten Position arbeiten möchten. Gleichwohl sollte Ihre Begeisterung nicht zu dick aufgetragen sein, sonst wirken Sie schnell unglaubwürdig.

Ohne Stress zum Termin	
Falsch	**Richtig**
Dem Gesprächspartner einen „toten Fisch“ in die Hand legen.	Begrüßung und Verabschiedung mit einem festen, aber nicht schmerzhaften Händedruck.
Mitten im Interview sagen: „Ähm, jetzt hab' ich doch glatt Ihren Namen vergessen.“	Die Namen der Gesprächspartner merken und sie mit Namen ansprechen.
Mit dem Oberkörper halb auf dem Tisch liegen.	In aufrechter Haltung auf der gesamten Fläche des Stuhls sitzen.

Falsch	Richtig
Sich minutenlang über den Sitznachbarn im Zug aufregen, der mit seiner ständigen Telefoniererei das ganze Abteil unterhielt.	In der Aufwärmphase kurz und freundlich antworten.
Zwischendrin Löcher in die Luft starren oder ausgiebig die Bilder an den Wänden betrachten.	Während des gesamten Interviews Blickkontakt zu Ihrem Gesprächspartner halten.
Hektisch und ohne nachzudenken ins Blaue quatschen.	Ruhig, fließend und verständlich sprechen.
Die Begrüßung so beginnen: „Oh, Mann, warum gibt es hier denn keinen Aufzug?"	Sich dem Gesprächspartner gegenüber freundlich und zuvorkommend verhalten.
Gelangweilt auf dem Stuhl abhängen und die Zähne nicht auseinander kriegen.	Im Gespräch aktiv sein – also aufmerksam zuhören und mitreden.

Nicht vergessen

- ☐ Freundlich und höflich sein (auch zum Pförtner oder zur Sekretärin)
- ☐ Namen aller Gesprächspartner merken oder notieren
- ☐ Aufmerksam zuhören
- ☐ Auf die Körperhaltung achten (Arme und Beine)
- ☐ Nicht rauchen
- ☐ Block und Kugelschreiber bereithalten
- ☐ Blickkontakt halten
- ☐ In kurzen Sätzen sprechen
- ☐ Nicht ins Plaudern verfallen
- ☐ Langsam sprechen (üben)
- ☐ Auf Stimme und Tonfall achten
- ☐ Dem Gesprächspartner nicht ins Wort fallen
- ☐ Notizen machen
- ☐ Nachfragen, wenn etwas unklar ist

Was passiert im Vorstellungsgespräch?

Nach welchen Regeln ein Bewerbungsgespräch verläuft, lässt sich vorher nicht genau sagen. Gewiss gibt es bestimmte Fragen und Themen, die in jedem Vorstellungsgespräch vorkommen. Aber darüber hinaus wendet jeder Personalchef seine eigene Methode an, mit der er gute Erfahrungen gemacht hat. So viel ist klar: Der Interviewer möchte sich eingehend über den beruflichen und persönlichen Werdegang des Kandidaten informieren. Im Idealfall wird er Ihnen deshalb 70 Prozent der Gesprächszeit für Ihre Selbstdarstellung überlassen.

In der Praxis sieht es aber oft so aus, dass der Interviewer die meiste Zeit selbst redet. Dennoch können und sollen Sie durch Ihr Verhalten das Gespräch mitgestalten. Versuchen Sie aber nicht, die Gesprächsführung zu übernehmen. Meistens besteht das Interview aus mehreren Abschnitten:

- Eröffnung
- Kurzvorstellung der Firma
- Selbstvorstellung des Bewerbers
- Fragen an den Kandidaten
- genaue Beschreibung der Stelle und der Firma

- Fragen des Bewerbers
- Informationen zum Arbeitsvertrag
- Abschluss

TIPP

Gut vorbereitet
Seien Sie nicht verunsichert, wenn das Gespräch nicht in der erhofften Reihenfolge verläuft. Bereiten Sie sich darauf vor, dass es auch ganz anders kommen kann. Dann kann Ihnen nichts passieren.

Eröffnung

Zu Beginn des Gesprächs will der Interviewer zunächst für eine angenehme und entspannte Atmosphäre sorgen. Deshalb geht es nicht gleich ans „Eingemachte", sondern um unverfängliche Dinge. Ein beliebtes Thema ist zum Beispiel das Wetter. Oder Ihr künftiger Chef wird Sie fragen, ob Sie eine gute Fahrt hatten. Während dieser kleinen Plauderei können Sie etwas von Ihrer Nervosität abbauen. Allerdings liegt hier auch schon der erste Stolperstein: Bekanntlich entsteht in den Anfangsminuten einer Begegnung der oft entscheidende erste Eindruck. Diese kurze Phase ist also besonders wichtig. Gehen Sie auf diesen „Smalltalk" offen und freundlich ein. Indem Sie sich an der Unterhaltung beteiligen, tragen Sie von Beginn an zur positiven Grundstimmung des

Interviews bei. Darunter ist allerdings nicht zu verstehen, dass Sie Ihren Gesprächspartner mit Nichtigkeiten „zutexten". (Siehe auch „Wie verhalte ich mich im Bewerbungsgespräch?")

Was macht die Firma eigentlich?

Aller Anfang ist schwer. Deshalb ist es gut für Sie, wenn Ihr Gegenüber zunächst die Firma vorstellt – was aber nicht immer geschieht. So können Sie sich erst mal „entspannt zurücklehnen", sich an die Umgebung gewöhnen und aufmerksam zuhören. In einem mehr oder weniger ausführlichen Vortrag werden Sie einige allgemeine Dinge über den Betrieb erfahren. Beispielsweise Informationen über Produkte und Dienstleistungen, die Branche, Geschäftsentwicklung oder die Ziele der Firma. Machen Sie sich eventuell Notizen, damit Sie später auf einzelne Punkte zurückkommen können.

Was mache ich eigentlich?

Jetzt sind Sie an der Reihe. „Erzählen Sie doch mal was über sich", heißt es dann oft. Das ist einfacher gesagt als getan. Aber durch Ihre gute Vorbereitung dürfte Ihnen das nicht besonders schwer fallen. Beschränken Sie sich auf die wesentlichen Stationen Ihrer Ausbildung, Ihres bisherigen Berufsweges und auf weitere wichtige Daten Ihres Lebenslaufs. Natürlich gehören dazu auch persönliche Stärken und fachliche Schwerpunkte. Um Ihr Bild abzurunden, können Sie auch einen oder zwei Sätze zu privaten Interessen oder Hobbys sagen. Vor allem dann, wenn Sie in der Freizeit aktiv in einem Verein mitarbeiten oder Sie sich in einer karitativen Organisation engagieren.

Achten Sie darauf, dass Ihr Kurzvortrag mit den Angaben in Ihren Bewerbungsunterlagen übereinstimmt. Die Selbstvorstellung dient nicht dazu, den Inhalt der schriftlichen Bewerbung noch einmal Wort für Wort nachzubeten. Den kennt der Interviewer ja bereits. Erwartet wird vielmehr eine kompakte, überzeugende und schlüssige Darstellung Ihrer Person – bestehend aus den oben genannten Punkten. Wichtig: Gehen Sie dabei unbedingt auf die Anforderungen der Stelle ein, die Sie gerne haben möchten. Je besser Sie darüber informiert sind, desto größer sind Ihre Chancen.

Spielen Sie Tennis?

Nun hat Ihr Gegenüber wieder den Ball. Diese Gesprächsphase dauert meistens am längsten. Der Interviewer versucht, sein bisheriges Bild von Ihnen mit gezielten Fragen zu vertiefen. Themen sind häufig noch einmal Ihre Ausbildung und Ihr beruflicher Werdegang. Aber auch Privates und persönliche Interessen können auf den Tisch kommen. Den Arbeitgeber interessieren in erster Linie Ihre Arbeitseinstellung, die Gründe für den Stellenwechsel und die Erwartung, die Sie an den neuen Job haben.

Der Familienstand, Hobbys oder Vereinsmitgliedschaften sind ebenfalls nicht tabu. Rechnen Sie an dieser Stelle zudem mit Fragen, die sich auf Ihre Schwachpunkte beziehen – zum Beispiel Lücken im Lebenslauf, häufiger Wechsel der Firma oder Arbeitslosigkeit. Wenn Sie dazu stehen und vorbereitet sind, werden kritische Fragen Sie nicht aus der Ruhe bringen. Und bleiben Sie auch in unangenehmen Situationen immer freundlich. Apropos Hobbys: Wenn Sie etwa in einem Verein oder in einer Hilfsorganisation ehrenamtlich tätig sind, sollten Sie das nicht unerwähnt lassen. Sie bringen damit zum Ausdruck, dass Sie gerne zupacken und Verantwortung übernehmen. Wer dagegen die meiste Zeit seines Feierabends im Internet verbringt, verschweigt diese Vorliebe am besten. Sonst könnte der Eindruck entstehen, dass es sich um einen Eigenbrötler handelt, der auch im Job am liebsten allein vor sich hinwurstelt. (Siehe auch „Mit diesen Fragen müssen Sie rechnen“)

Antworten begründen

! TIPP

Denken Sie bei Ihren Antworten immer daran, dass Sie Ihre Aussagen eventuell begründen müssen. Reden Sie deshalb nicht einfach ins Blaue – Sie könnten sich damit leicht ein blaues Auge holen.

Mit diesen Fragen müssen Sie rechnen

Ein großer Teil des Vorstellungsgesprächs besteht aus Fragen des Arbeitgebers an den Kandidaten. Wenn Sie in diesem „Spiel“ mithalten wollen, müssen Sie wissen, was auf Sie zukommen kann. Dann können Sie alle Fragen flüssig und überzeugend beantworten. In den meisten Gesprächen wird sich der Interviewer nicht auf Ihre berufliche Qualifikation beschränken. Wundern Sie sich also nicht, wenn er sich beispielsweise nach Ihren Hobbys oder persönlichen Zielen erkundigt. Diese Auskünfte helfen ihm, sich auch ein Bild von ihren charakterlichen Qualitäten zu machen. Darauf legen die meisten Firmen immer größeren Wert. Im Folgenden haben wir zwanzig wichtige Fragen, die immer wieder im Bewerbungsgespräch vorkommen, für Sie zusammengestellt.

Warum wollen Sie die Stelle wechseln?

Die Gründe für den gewünschten Jobwechsel sollten besonders sorgfältig überlegt und vorbereitet werden. Anhand Ihrer Antworten kann Ihr Gesprächspartner einiges darüber erfahren, wie ernst Sie den Beruf nehmen. Schießen Sie sich keine Eigentore mit launigen Aussagen wie „Na ja, ich will halt mal was anderes machen“. Und sagen Sie keinesfalls etwas Schlechtes über Ihren bisherigen Betrieb. Geben Sie zu erkennen, dass Sie sich den Wunsch nach einer neuen Stelle reiflich überlegt haben, und liefern Sie schlagkräftige Argumente dafür. Zum Beispiel: „Ich möchte eine neue Aufgabe übernehmen, die mich fachlich und persönlich weiterbringt."

Falls Sie von Ihrem letzten Arbeitgeber entlassen wurden, brauchen Sie für die Antwort auf die Frage nach den Gründen unter Umständen viel Fingerspitzengefühl. Zum Beispiel dann, wenn die Kündigung mit Fehlverhalten Ihrerseits zu tun hat. Was auch immer vorgefallen sein mag: Bleiben Sie ehrlich – aber versuchen Sie dennoch, die Sache in einem möglichst guten Licht erscheinen zu lassen. Eine entsprechende Antwort könnte etwa so lauten: „In dieser Zeit hatte ich wegen einer plötzlichen schweren Erkrankung meines Vaters (meiner Freundin, meiner Mutter o. Ä.) private Schwierigkeiten, die meine Leistungskraft beeinträchtigt haben. Ich konnte nachts nicht schlafen und kam am nächsten Tag öfter zu spät zur Arbeit. Und da die Firma ohnehin Personal abbauen musste, war ich dann natürlich einer der Ersten, die gehen mussten." Eine solche Erklärung klingt schlüssig und zeigt zugleich, dass Sie die Schuld nicht auf andere schieben, sondern Verantwortung übernehmen. (Siehe auch „Warum sind Sie zurzeit arbeitslos?")

Was gefällt Ihnen an Ihrer jetzigen Position?

Nennen Sie hier nicht zuerst die netten Kollegen oder die gute betriebliche Altersvorsorge. Das interessiert Ihren Gesprächspartner weniger. Mit dieser „versteckten" Frage möchte er nämlich vor allem mehr über fachliche

Fähigkeiten, Schwerpunkte und Ihre Arbeitszufriedenheit ans Licht bringen und einen Vergleich mit der schriftlichen Bewerbung ziehen. Außerdem will er verständlicherweise wissen, ob Ihr gesamtes Profil (Stärken und Schwächen) zu der neuen Position passt. Dieser Punkt ist also sehr bedeutsam, obwohl die Frage harmlos klingt.

Schildern Sie kurz die wesentlichen Aufgaben aus Ihrem jetzigen Arbeitsalltag und sagen Sie, was Ihnen daran Freude macht. Obwohl Sie eine neue Stelle anstreben, sollte deutlich werden, dass Sie mit der Tätigkeit an sich zufrieden waren und sich entsprechend engagiert haben. Bei den Nachteilen ist besondere Vorsicht geboten. Der Interviewer darf nicht den Eindruck bekommen, Sie könnten etwa wegen größerer Probleme (mit bisherigen Kollegen oder Vorgesetzten) auf Jobsuche sein.

Beschränken Sie sich auf unverfängliche Dinge. So können Sie etwa sagen, dass Sie eine neue Herausforderung suchen, weil Sie den jetzigen Job schon viele Jahre machen und aus der Routine raus möchten. Oder dass Sie gerne in einer größeren Firma beschäftigt sind, die mehr berufliche Entwicklungsmöglichkeiten bietet. Lassen Sie in jedem Fall erkennen, dass Sie anpacken können.

Mobbing verschweigen

TIPP

Behalten Sie es unbedingt für sich, wenn Sie aus persönlichen Gründen – wie etwa dauerhafte Schikane durch Vorgesetzte oder Kollegen (Mobbing) – eine andere Stelle suchen. Ihr neuer Arbeitgeber könnte vermuten, dass Sie daran nicht ganz unschuldig sind und er sich einen „Problemfall" ins Haus holt.

Warum wollen Sie bei uns arbeiten?

Der Interviewer möchte verständlicherweise wissen, ob er einer unter vielen ist, bei denen Sie sich bewerben – oder ob ein spezielles Interesse an dem Betrieb und der zu besetzenden Stelle besteht. Hier sollten Sie mit umfassendem Wissen über die Firma und die Anforderungen an den Job glänzen können. Machen Sie deutlich, dass Sie nicht irgendwo arbeiten möchten, sondern genau in diesem Betrieb. Das können Sie beispielsweise mit den interessanten Produkten oder Dienstleistungen oder mit dem großen Erfolg der Firma begründen. Noch besser ist es, wenn Sie mit Fähigkeiten und Spezialkenntnissen aufwarten können, die den Anforderungen der ausgeschriebenen Position genau entsprechen. Zeigen Sie aber in jedem Fall klipp und klar, dass Sie unbedingt diesen Job wollen. Zum Beispiel so: „Bei der Arbeit geht es mir nicht allein ums Gehalt. Ich habe einen tollen Beruf, und meine Tätigkeit macht mir Freude. Ihre Firma stellt interessante Produkte her, und sie hat einen sehr guten Ruf. Das motiviert mich zusätzlich."

Was wissen Sie über uns?

An dieser beliebten Standardfrage kann ein geschulter Interviewer ebenfalls schnell erkennen, wie ernst es Ihnen mit Ihrer Bewerbung und wie es um Ihre Motivation bestellt ist. Bei reiflicher Vorbereitung können Sie zumindest sagen, welche Produkte hergestellt werden, wofür die Firma vielleicht besonders bekannt ist und welche Bedeutung sie innerhalb der Branche hat. Wenn die Firma beispielsweise Glasfaserplatten produziert, sollten Sie wenigstens ungefähr wissen, was man damit macht – selbst wenn Sie sich „nur" als Mitarbeiterin für den Empfang oder als Lagerfachkraft bewerben. Dies gilt umso mehr, wenn Sie einen Job direkt in der Produktion anstreben. Für Ihren Gesprächspartner liegen die Dinge klar auf der Hand: Je mehr ein Kandidat über die Firma weiß, desto mehr „brennt" er darauf, dort zu arbeiten.

TIPP

Kein Mitleid

Auch wenn Sie schon länger auf Jobsuche sind, sollten Sie nicht auf die Tränendrüse drücken. Damit legen Sie sich selbst Steine in den Weg. Der Arbeitgeber stellt einen Bewerber nicht aus Mitleid ein, sondern wegen dessen Qualifikation.

Was interessiert Sie an der Position am meisten?

Auch hier gilt wieder: Gute Informationen sind die halbe Miete. Bei optimaler Vorbereitung wissen Sie über den angestrebten Arbeitsplatz bestens Bescheid. Wenn Sie die Frage nur zögernd beantworten können, entsteht leicht der Eindruck, dass Ihnen der Wechsel doch nicht so wichtig ist. Welche Vorstellungen hat der Kandidat von dem Job? Erfüllt er die dafür notwendigen Anforderungen? Wird er mit der Stelle auf Dauer zufrieden sein? Solche Überlegungen gehen dem Interviewer durch den Kopf. Sie sollten also einige Gründe nennen können, die Ihrer Meinung nach für die Position und für Ihre Qualifikation sprechen. Besonders überzeugend wirkt es natürlich, wenn Sie entsprechende Erfahrungen nachweisen können. Falls dem nicht so ist, argumentieren Sie mit Ihrer hohen Motivation und dem Willen, sich fehlende Kenntnisse schnellstmöglich anzueignen. Nicht selten erhalten „Seiteneinsteiger" so eher eine Chance als „abgebrühte Profis". Bevor Sie antworten, können Sie Ihr Gegenüber durchaus bitten, noch etwas mehr über die Position oder die Abteilung zu erzählen.

Haben Sie sich noch bei anderen Firmen beworben?

Bei dieser Frage können Sie gelassen bleiben. Es ist durchaus üblich, mehrere Bewerbungen loszuschicken. Berichten Sie Ihrem Gesprächspartner kurz, was Sie unternommen haben. Wo genau Sie sich noch beworben haben, müssen Sie aber nicht sagen – erst recht nicht, wenn darunter Konkurrenten der Firma sind. Die Einzelheiten interessieren den Interviewer auch nicht so sehr. Er möchte vielmehr herausfinden, wie aktiv Sie bei Ihrer Jobsuche sind. Wenn Sie etwa nur bei diesem einen Betrieb angeklopft hätten, würde Ihnen das womöglich als Trägheit ausgelegt. Und daraus ließen sich wiederum Rückschlüsse auf Ihre grundsätzliche Arbeitshaltung ziehen. Vermeiden Sie aber unbedingt den Eindruck, dass die Firma nur eine unter vielen ist, die Sie nacheinander abklappern. Wenn Sie bereits ein konkretes Angebot eines anderen Arbeitgebers auf dem Tisch haben, können Sie das kurz erwähnen – aber keinesfalls als Druckmittel einsetzen.

! TIPP

Kurz und bündig antworten
Holen Sie beim Beantworten der Fragen nicht zu weit aus und schweifen Sie nicht vom Thema ab. „Plaudertaschen" wird gerne unterstellt, dass sie mehr reden als arbeiten.

Warum sollen wir ausgerechnet Sie einstellen?

Wenn es Ihnen gelingt, diese entscheidende Frage zur Zufriedenheit Ihres Gesprächspartners zu beantworten, haben Sie einen großen Schritt vorwärts getan. Der Arbeitgeber möchte noch einmal ausloten, ob Sie mit Ihrer fachlichen und persönlichen Qualifikation grundsätzlich zur Firma passen – und damit in die Endausscheidung zwischen den besten Bewerbern kommen oder nicht. Für ihn ist letztlich nur eine Frage interessant: Welchen Nutzen bietet der Kandidat der Firma? Eine äußerst genaue Vorbereitung ist hier erste Pflicht. Es geht um die bestmögliche, selbstbewusste Darstellung Ihrer fachlichen und persönlichen Fähigkeiten, die Sie natürlich immer auch begründen müssen. Erwähnen Sie Kenntnisse und Stärken, die Sie für die angestrebte Position besonders qualifizieren – und die andere vielleicht nicht haben. Betonen Sie Ihre Bereitschaft zu einem überdurchschnittlichen Arbeitseinsatz. Und machen Sie glaubhaft deutlich, dass Sie nicht nur an der Stelle, sondern auch an der Firma großes Interesse haben. Betrachten Sie die Frage als Chance zur Werbung in eigener Sache, aber bleiben Sie dabei auf dem Boden der Tatsachen. Antworten nach dem Muster „Na ja, ich hab's halt einfach drauf" befördern Sie schnell ins Abseits.

Welche beruflichen Ziele haben Sie?

Wenn Sie hier als Erstes sagen, dass Sie in spätestens drei Jahren einen Porsche fahren oder in die Chefetage wechseln möchten, dürften Ihre Chancen auf den neuen Job drastisch sinken. Mit dieser Frage will Ihr Gesprächspartner zwar erkunden, wie es um Ihren Ehrgeiz und Ihre Leistungsbereitschaft bestellt ist – aber keine völlig aus der Luft gegriffenen Vorstellungen hören. Wie so oft im Bewerbungsgespräch geht es auch hier um eine realistische Selbsteinschätzung. Andererseits sollte der Ball auch nicht zu flach gehalten werden. Wenn der Eindruck entsteht, dass Sie zu allem Ja und Amen sagen und alle zwei Stunden auf Anweisungen von Vorgesetzten warten, wird man Ihnen nicht viel Eigeninitiative zutrauen. Dabei kommt es selbstverständlich immer auf die Position an, in der Sie arbeiten möchten. So wird man von einer Sachbearbeiterin in der Lohnbuchhaltung nicht jeden zweiten Tag einen Verbesserungsvorschlag erwarten, der die monatliche Abrechnung einfacher und wirtschaftlicher macht. Ein Kolonnenführer auf der Großbaustelle sollte dagegen nachweisen können, dass er nicht nur Steine mit Mörtel verbinden, sondern eben auch eine Kolonne führen kann.

TIPP

Immer langsam!
Wenn Sie in der neuen Firma nicht nur Ihren Job erledigen, sondern nach einer angemessenen Zeit aufsteigen möchten, können Sie diesen Wunsch ruhig anklingen lassen. Das zeigt, dass Sie zielstrebig und leistungsbereit sind. Verzichten Sie aber auf Fragen wie: „Wann kann ich hier Vorarbeiter werden?“

Was können Sie nicht so gut?

So wird Ihr Gesprächspartner die Frage vermutlich nicht formulieren – aber so ist sie gemeint. Eher wird er sagen: „Wo liegen Ihre fachlichen und persönlichen Schwächen?" Da kein Mensch perfekt ist, müssen Sie diese Frage nicht fürchten. Wichtig ist allein, dass Sie Ihre Schwachstellen bei der Vorbereitung des Gesprächs erkannt haben und bereit sind, daran zu arbeiten. Versuchen Sie nicht, sich als fehlerlosen Überflieger zu präsentieren, der jeden Handgriff im Schlaf beherrscht. Das nimmt Ihnen niemand ab. Geben Sie Wissenslücken (beispielsweise mangelnde Kenntnisse eines Computerprogramms oder einer Fremdsprache) ehrlich zu – allerdings mit der Aussicht auf schnelle Besserung. Ordnung auf dem Schreibtisch ist nicht Ihre größte Stärke? Das dürfen Sie ebenfalls erwähnen, jedoch nicht ohne eine zusätzliche positive Aussage: „Mein derzeitiger Vorgesetzter bewundert mich manchmal dafür, dass ich trotzdem jederzeit den vollen Überblick habe." Wenn Ihnen langatmige Teambesprechungen auf den Nerv gehen oder Sie ein ausgesprochener Morgenmuffel sind, lassen Sie das besser unter den Tisch fallen.

Haben Sie sich weitergebildet?

Arbeitgeber sehen es gern, wenn Angestellte sich mit dem in der Ausbildung erworbenen Wissen nicht für immer zufrieden geben. Wer Fortbildungskurse vorweisen kann, will vorwärts kommen und ist lernbereit. Das gilt auch für private Weiterbildung wie etwa Sprach- oder Computerkurse an der Volkshochschule. Ideal ist es natürlich, wenn Ihr Wissensdurst etwas mit der Stelle zu tun hat, für die Sie sich bewerben. Noch mehr Punkte können Sie sammeln, wenn sich Ihre Weiterbildung nicht auf Ihr normales Aufgabengebiet beschränkt hat. Damit machen Sie deutlich, dass Sie vielseitig einsetzbar sind. Auch wenn Sie bisher noch nicht viel in Richtung Fortbildung unternommen haben: Betonen Sie Ihre Bereitschaft dazu. Zu viel des guten Bildungswillens sollte es aber auch nicht sein: Wenn Sie beispielsweise freudestrahlend verkünden, dass Sie dreimal in der Woche und jeden Samstag die Abendschule besuchen, um innerhalb von zwei Jahren das Abitur nachzuholen, wird Ihr Gesprächspartner die Freude nicht unbedingt teilen. Bei ihm könnte nämlich die Botschaft ankommen: „Wenn der Bewerber dafür so viel Energie braucht, kann er sich bei uns nicht mit voller Kraft einbringen." Oder Ihr Arbeitgeber zieht daraus den Schluss, dass Sie die Firma nach zwei Jahren, wenn Sie das Abitur geschafft haben, wieder verlassen wollen, zum Beispiel um zu studieren.

TIPP

Vielseitig und flexibel
Weiterbildung kann auch bedeuten, dass Sie bei Ihrem momentanen Arbeitgeber nicht immer nur in einer Funktion tätig waren. Wenn Sie im Notfall auch schon mal Aufgaben von Kollegen übernommen haben, zeigt das Ihre Vielseitigkeit. Weisen Sie darauf im Bewerbungsgespräch hin.

Warum haben Sie sich für Ihren Beruf entschieden?

Falls Sie schon im Alter von zehn Jahren eine große Leidenschaft für Autos hatten, deshalb unbedingt Automechaniker werden wollten – und es dann tatsächlich geworden sind, haben Sie bei dieser Frage einen echten Trumpf im Ärmel. Anders gesagt: Arbeitgeber wünschen sich Mitarbeiter, die ihren Job nicht halbherzig, sondern aus voller Überzeugung gewählt haben. Wer seinen Beruf liebt, ist in der Regel engagiert und motiviert. Betonen Sie, dass Sie sich jederzeit wieder für Ihre Ausbildung und für Ihren bisherigen Werdegang entscheiden würden, weil Sie sich nichts anderes vorstellen können. Und wenn Sie schon mit 14 Jahren unter Vaters Auto lagen und eine neue Wasserpumpe eingebaut oder das Mofa Ihres Bruders repariert haben, können Sie damit ausgezeichnet Werbung für sich und Ihre Fähigkeiten machen. Die rote Karte zeigen Sie sich dagegen selbst, wenn Sie zum Beispiel sagen: „Na ja, ich musste nach der Schule halt was machen und habe dann Bürokauffrau gelernt, weil da so eine große Firma bei uns um die Ecke war." Das spricht weniger für Zielstrebigkeit als für Antriebslosigkeit – und lässt Ihre Chancen auf den neuen Job klar in Richtung Nullpunkt sinken.

Warum sind Sie zurzeit arbeitslos?

Niemand braucht sich dafür zu schämen, wenn er schuldlos die Stelle verloren hat. Das gilt auch im Vorstellungsgespräch. Gerade in wirtschaftlich schwierigen

Zeiten wird jeder Arbeitgeber dafür Verständnis haben. Allerdings möchte er natürlich den Grund dafür erfahren. Hat die Firma Stellen gestrichen, weil sie in wirtschaftlichen Schwierigkeiten war, oder musste sie sogar Konkurs anmelden? In diesen Fällen wird sich der Interviewer nicht lange mit der Frage beschäftigen. Und wenn Sie sich nichts vorzuwerfen haben, müssen Sie Ihre Entlassung auch nicht rechtfertigen. Im Gegenteil: Es macht einen guten Eindruck, wenn Sie dazu stehen und selbstbewusst damit umgehen.

Komplizierter liegen die Dinge, wenn Ihnen „schuldhaft", also wegen eines gravierenden Fehlverhaltens, gekündigt wurde. Hier andere Gründe vorzuschieben ist gefährlich: Falls es durch eine Überprüfung doch rauskommt, können Sie gleich einpacken. Es bleibt Ihnen nichts anderes übrig, als die Ursachen für Ihre Entlassung ehrlich anzusprechen. Fassen Sie sich bei der Schilderung des Problems kurz und bleiben Sie ruhig und sachlich. Gestehen Sie Ihren Fehler ein und fügen Sie hinzu: „Das war eine einmalige Sache, die mir so nicht wieder passieren wird, weil sie eigentlich nicht meinem Wesen entspricht." Eventuell können Sie noch darauf hinweisen, dass Sie damals private Probleme hatten und deshalb in einer entscheidenden Situation am Arbeitsplatz einfach „überreagiert" haben. (Achtung: Hier müssen Sie sich auf Nachfragen einstellen. Eine Erkrankung von Verwandten könnte ein Grund sein, der sich nicht nachteilig auswirkt.) Antworten Sie auf die Frage keinesfalls gereizt oder verärgert – sie ist aus Sicht des Arbeitgebers allzu verständlich. Und abfällige Bemerkungen über die vorherige Firma sind natürlich ebenfalls tabu.

Taten statt warten **TIPP**

Lassen Sie erkennen, dass Sie während Ihrer Arbeitslosigkeit nicht den Kopf in den Sand gesteckt und auf bessere Zeiten gewartet haben. Erwähnen Sie, was Sie alles unternommen haben, um schnell wieder einen Job zu bekommen.

Warum haben Sie so oft die Stelle gewechselt?

Ein häufiger Jobwechsel spricht nicht unbedingt gegen einen Bewerber. Gerade in den ersten Jahren nach der Berufsausbildung kann es je nach Branche sinnvoll sein, in mehreren Betrieben Erfahrungen zu sammeln und seine Kenntnisse auszubauen. Davon profitiert ja auch der neue Arbeitgeber. Vermeiden Sie unter allen Umständen den Eindruck, Sie könnten plan- und ziellos von einer Firma zur anderen gehüpft sein. Überzeugen Sie den Interviewer, dass der häufige Stellenwechsel nie mit schlechten Leistungen zu tun hatte und dass jeder Wechsel fachlich ein Gewinn für Sie war. Wenn Sie in der „wilden Zeit" selbst noch nicht genau wussten, wo es beruflich für Sie langging, geben Sie das ehrlich zu. Etwas Selbstkritik macht sich immer gut. Sie können zum Beispiel sagen: „In dieser Phase musste ich mich erst einmal orientieren und wollte vielfältige Erfahrungen sammeln. Jetzt habe ich meinen Weg gefunden und weiß genauer, wie ich meine berufliche Zukunft gestalten will." Es gibt aber auch „harmlosere" Gründe für einen häufigen Stellenwechsel: Die Anfahrt zur Arbeitsstelle war Ihnen auf Dauer doch zu lang; Sie sind mehrmals umgezogen; Sie kamen mit der Schichtarbeit nicht zurecht.

TIPP

Warum ausgerechnet jetzt?
Wenn Sie die letzten zwanzig Jahre durchgehend bei einer Firma beschäftigt waren, macht das in der Regel einen guten Eindruck. Bereiten Sie sich trotzdem auf die Frage vor, warum Sie nicht mal gewechselt haben – jetzt aber „plötzlich" einen neuen Job suchen.

Wie gehen Sie mit Stress um?

Vielleicht war es in grauer Vorzeit einmal so, dass der Oberbuchhalter mit seinen Ärmelschonern jederzeit in aller Ruhe und Gelassenheit seiner Arbeit nachgehen konnte. Heute sieht das meist anders aus. Ganz gleich ob Sie sich als Verkaufssachbearbeiterin, Lkw-Fahrer oder Versicherungskaufmann bewerben – es wird immer wieder zu Situationen kommen, in denen Sie unter Druck stehen. Jeder Arbeitgeber erwartet, dass Sie damit umgehen können und belastbar sind. Versichern Sie Ihrem Gesprächspartner glaubhaft, dass Sie auch bei Stress stets den Überblick behalten und nicht so leicht aus der Bahn zu werfen sind. Anders gesagt: Sie geben in jeder Situation Ihr Bestes. Denkbar ist beispielsweise folgende Antwort: „Gesunden Stress kenne ich aus meiner jetzigen Tätigkeit. So was bringt mich nicht weiter aus der Ruhe, sondern spornt mich eher zusätzlich an. Ich achte allerdings auf eine sorgfältige Zeiteinteilung, damit ich nicht unnötig unter Druck gerate und meine Termine einhalten kann. Und nach einem besonders hektischen Arbeitstag gehe ich zum Ausgleich joggen." Schildern Sie nach Möglichkeit ein konkretes Beispiel, wie Sie eine stressige Situation gemeistert haben.

Genau hinhören

TIPP

Hören Sie bei allen Fragen konzentriert zu, damit Sie wissen, um was genau es dem Interviewer geht. Nachfragen ist immer noch besser, als auf etwas zu antworten, was so gar nicht gefragt war.

Arbeiten Sie gerne im Team?

Teamarbeit ist heutzutage in aller Munde und hat auch in vielen kleineren Betrieben ihren festen Platz. Legen Sie hieb- und stichfest dar, dass Sie kein Eigenbrötler sind, sondern gerne mit anderen Menschen zusammenarbeiten: „Ich kann auch alleine arbeiten, aber im Team macht es mehr Spaß, weil die Arbeit meistens schneller zum Ergebnis führt." Wenn Sie noch keine Erfahrungen mit Gruppenarbeit gesammelt haben, ist das nicht unbedingt ein Hindernis. In dem Fall müssen Sie jedoch Ihre Bereitschaft zu dieser Form der Zusammenarbeit bekunden. Dafür sollte Ihnen klar sein, dass Teamarbeit nicht in erster Linie dazu dient, den Beschäftigten das Leben leichter zu machen. Es geht darum, die unterschiedlichen Kenntnisse und Erfahrungen in einer Gruppe zu bündeln und so die Aufgaben besser, schneller und somit für die Firma kostengünstiger zu bewältigen. Als besonders gutes Teammitglied empfehlen Sie sich, wenn Sie einen Mannschaftssport betreiben, im Chor singen oder im Vereinsvorstand aktiv sind. Der Interviewer erkennt daran, dass Sie gut mit anderen Menschen zurechtkommen und gerne gemeinsam an einem Strang ziehen. Für Ausdauer und Entschlossenheit stehen Sportarten wie Schwimmen, Laufen und Radfahren.

Persönlichkeit zählt **! TIPP**
Die persönlichen Merkmale eines Bewerbers – wie etwa die Fähigkeit, mit Kollegen gut auszukommen – spielen heute eine große Rolle im Bewerbungsgespräch. Bereiten Sie sich auf entsprechende Fragen besonders gründlich vor.

Was ist Ihnen an Vorgesetzten und Kollegen wichtig?

Bei dieser kritischen Frage ist äußerste Wachsamkeit angesagt! Es geht um eine entscheidende Barriere: Wie kommen Sie mit anderen Menschen zurecht? Wie teamfähig sind Sie? Wie gehen Sie mit Konflikten um? Freundlichkeit, Zuverlässigkeit und Vertrauen wären hier ebenso zu nennen wie umfassende Fachkenntnisse, Kollegialität und Fleiß. Sagen Sie darüber hinaus, dass Ihnen ein harmonisches Verhältnis zu Vorgesetzten und Kollegen wichtig ist, Sie aber notwendigen Auseinandersetzungen nicht aus dem Weg gehen. Und es muss deutlich werden, dass Sie sich gut ins Team einfügen können, aber durchaus auch Eigeninitiative an den Tag legen. Einen guten Eindruck macht es zudem, wenn Sie sich als jemand darstellen, der oder die nicht nur Erwartungen an andere hat, sondern selbst zu einem angenehmen Arbeitsklima beitragen möchte. Außerdem spricht es fachlich und persönlich für Sie, wenn Sie darlegen, dass Sie auch mit Kollegen, die Ihnen nicht hundertprozentig sympathisch sind, am Arbeitsplatz umgehen können. Schlechte Karten haben Querulanten und Rechthaber, die immer wieder beweisen müssen, wie toll sie sind – und damit den Betriebsfrieden erheblich stören. Im Bewerbungsgespräch sollten Sie unter keinen Umständen schlecht über frühere Kollegen oder Vorgesetzte sprechen. Sonst können Sie gleich Ihre sieben Sachen packen und nach Hause gehen.

TIPP

Vorsicht, Glatteis!
Unter Umständen möchte Ihr Gesprächspartner Sie dazu verleiten, eine negative Bemerkung über Ihren alten Chef fallen zu lassen, um Sie zu prüfen. Lassen Sie sich darauf nicht ein – es wird Ihnen in jedem Fall negativ ausgelegt.

Sind Sie bereit, Überstunden zu leisten?

Von engagierten Mitarbeitern wird erwartet, dass sie nicht Punkt 17 Uhr den Hammer fallen lassen beziehungsweise den Computer ausschalten. Die aktuelle Auftragslage oder unvorhersehbare Ereignisse können den Feierabend schon mal um zwei oder drei Stunden nach hinten verschieben. Betonen Sie zunächst, dass Sie grundsätzlich mit Überstunden kein Problem haben. Wenn Sie Mehrarbeit von vornherein rundweg ablehnen, wird das Gespräch an dieser Stelle beendet sein. Allerdings muss das Ganze in einem vernünftigen Rahmen bleiben. Überlegen Sie sich vor dem Termin, in welchem Ausmaß Sie Überstunden machen wollen beziehungsweise können. Bedenken Sie, inwieweit Sie dabei etwa mit feststehenden familiären oder anderen Verpflichtungen in Konflikt kommen könnten. Fragen Sie den Interviewer, welche Erwartungen er in diesem Punkt an Sie hat. Sagen Sie dann offen und ehrlich, ob Sie dazu bereit sind – sonst machen Sie im „Ernstfall“ eine schlechte Figur. Erkundigen Sie sich, ob Mehrarbeit zur Tagesordnung gehört oder die Ausnahme ist und wie sie ausgeglichen wird (Freizeit, Geld oder gar nicht). Falls die Firma für ihre überzogenen Überstundenforderungen bekannt ist, kann das ein triftiger Grund sein, sich dort erst gar nicht zu bewerben.

Wie viel möchten Sie verdienen?

Diese Frage wird oft auch dann gestellt, wenn der Firmeninhaber oder Personalchef genau weiß, wie viel Geld er Ihnen pro Monat überweisen möchte. Er will damit herausfinden, ob Sie Ihren „Marktwert“ innerhalb der branchenüblichen Gegebenheiten realistisch einschätzen können. Die meisten Firmen sind an Tarifverträge gebunden oder richten die Höhe der Löhne und Gehälter zumindest daran aus. Diese Vereinbarungen zwischen Arbeitgebern und Gewerkschaften lassen keine großen Spielräume zu. Verhandlungen sind nur dann sinnvoll, wenn der Betrieb übertariflich zahlt. Falls Sie beim „Feilschen“ zu wenig Geld verlangen, könnte man vermuten, dass Sie für den Job nicht ausreichend qualifiziert sind oder sich selbst nicht richtig einordnen können. Und mit einer völlig überzogenen Forderung sind Sie meistens noch schneller aus dem Rennen.

Wenn Sie wissen, was Sie können, was Sie der Firma zu bieten haben und was Sie erreichen wollen, werden Sie sich gut behaupten. Beachten Sie bei dem „Pokerspiel", dass die Entlohnung nicht nur aus der monatlichen Zahlung besteht. Aufs Jahr gerechnet, können die freiwilligen Sozialleistungen der Firma – wie Urlaubs- und Weihnachtsgeld, Betriebsrente oder Mitarbeiterrabatte – eine wichtige Rolle spielen. Keine Rolle spielen dagegen Hinweise auf Ihre fünf Kinder, die Ihnen die Haare vom Kopf fressen, oder auf hohe finanzielle Belastungen durch den Hausbau. Das will der Interviewer nicht hören. Bedenken Sie zudem, dass Löhne und Gehälter sich oft regional ganz erheblich unterscheiden – je nachdem, ob die Firma ihren Sitz in einer Großstadt oder auf dem platten Land hat.

TIPP

Gehalt ist nicht gleich Gehalt

Bedenken Sie, dass Ihr Gehalt nicht nur aus der monatlichen Überweisung besteht. Hinzu kommen Urlaubs- und Weihnachtsgeld, Sozialleistungen sowie vielleicht eine betriebliche Altersversorgung. Diese zusätzlichen Vergütungen können in der Summe höher sein als 100 Euro pro Monat mehr in der Lohntüte.

Was machen Sie so in Ihrer Freizeit?

Mit Fragen dieser Art will Ihr Gesprächspartner nicht erkunden, ob Sie beispielsweise ein ebenso großer Fußballfan sind wie er selbst. Er möchte Sie über das Berufliche hinaus näher kennen lernen. Und das funktioniert über Fragen nach persönlichen Neigungen und Hobbys besser, als mancher denkt. So liegt etwa die Vermutung nahe, wonach ein begeisterter Langstreckenläufer insgesamt ein aktiver Mensch ist, der auch im Arbeitsalltag beweglich ist und Leistung zeigt. Im Vergleich dazu wird jemand, der seinen Feierabend vorwiegend über der Briefmarken- oder Münzsammlung verbringt, nicht zwangsläufig als Einzelgänger abgestempelt. Denn einem Buchhalter oder einem Mitarbeiter in der Registratur sind solche Hobbys doch geradezu auf den Leib geschnitten. Es kommt also darauf an, dass die Freizeitaktivitäten zur Persönlichkeit des Kandidaten passen. Wer als Hobby jedoch nur Fernsehen, Internetsurfen oder Kneipenbesuche nennt, wird eher Mitleid ernten – und Punkte verlieren. In jedem Fall sind Sie auf der sicheren Seite, wenn Sie sich als offenen und interessierten Menschen beschreiben können, der seine Freizeit sinnvoll nutzt, sich aber nicht ständig im „Freizeitstress" befindet.

Sind Sie Mitglied in einem Verein?

Auch dieser Anhaltspunkt gibt dem Arbeitgeber die Möglichkeit, sich ein genaueres Bild von der Persönlichkeit des Kandidaten zu machen. „Vereinsmenschen" gelten als engagierte und umgängliche Zeitgenossen, die gerne gemeinsam mit anderen Menschen etwas unternehmen, anstatt ihren Feierabend vor dem Fernseher abzusitzen. Ehrenämter oder gar Leitungsfunktionen in Vereinen, Organisationen oder religiösen Gemeinschaften haben im Allgemeinen ein noch höheres Ansehen. Sie stehen unter anderem für Teamfähigkeit, Organisationstalent und Verantwortungsbewusstsein. Politische Aktivitäten in Parteien werden oft ebenfalls positiv bewertet. Im Vorstellungsgespräch sollten Sie das aber nur erwähnen, wenn Sie sicher sind, damit kein Porzellan zu zerschlagen. Dasselbe gilt für Mitgliedschaften in Umwelt- oder Menschenrechtsorganisationen, deren Ziele Ihr Gesprächspartner vielleicht nicht unterstützt. Mit sozialem Engagement – beispielsweise in der Nachbarschaftshilfe oder in der Jugendarbeit – müssen Sie dagegen nicht hinterm Berg halten. Falls Sie nun absolut kein „Vereinsmeier“ sind, brauchen Sie sich dafür keine Asche aufs Haupt zu streuen. Denn wenn Sie sagen: „Ich verbringe meine Freizeit am liebsten mit meiner Familie und mit Freunden“, wird Ihnen das kein Interviewer ankreiden.

TIPP

Hans Dampf

Wenn Sie gleich mehrere ehrenamtliche Tätigkeiten ausüben, sollten Sie das im Bewerbungsgespräch nicht an die große Glocke hängen. Sonst könnte die Vermutung entstehen, dass die Freizeit einen großen Teil Ihrer Energie verschlingt.

Besonders fiese Fragen

Ein Bewerbungsgespräch ist kein Plauderstündchen unter Freunden. Sie müssen immer auf unerwartete Situationen gefasst sein. „Zwischenfälle“ dieser Art treten häufig auf, wenn der Arbeitgeber Ihnen unangenehme Fragen stellt. Dahinter steckt nicht immer eine böse Absicht, sondern der berechtigte Wunsch, möglichst alles über die Eignung des Kandidaten herauszufinden. Allerdings sind der Neugier Ihres Gesprächspartners auch gesetzliche Grenzen gesetzt. Bestimmte persönliche Fragen (siehe unten) sind nicht erlaubt.

Wenn Sie merken, dass diese Grenzen überschritten werden, sollten Sie darauf sachlich und selbstbewusst, aber auch gelassen und höflich reagieren. Es sei denn, Sie möchten die Fragen aus freier Entscheidung beantworten. Grundsätzlich darf sich der Interviewer nach allem erkundigen, was mit Ihrem Beruf und mit der Stelle zu tun hat, auf die Sie sich bewerben. Dazu müssen Sie auch ehrlich Auskunft geben.

Wenn Fragen jedoch gegen das Recht auf den Schutz der Persönlichkeit verstoßen, dürfen Sie schweigen wie ein Grab – oder sogar Notlügen einsetzen. Aber nur in einem solchen Fall! Das heißt, schweigen sollten Sie besser nicht, sondern mit einer freundlichen Rückfrage reagieren: „Wieso möchten Sie das von mir wissen?“ Folgende Fragen sind nur in Ausnahmefällen zulässig:

Sind Sie Mitglied einer Partei, Kirche oder Gewerkschaft?

Diese Frage ist zwar nur statthaft, wenn Sie sich bei einer Partei, Kirche oder Gewerkschaft bewerben. Andererseits sind solche Mitgliedschaften ja nichts Ehrenrühriges. Deshalb gibt es keinen Grund, die Antwort zu verweigern – sofern es sich nicht um eine extremistische Partei oder eine nach allgemeinem Verständnis sektenähnliche Religionsgemeinschaft handelt.

Leben Sie in geordneten finanziellen Verhältnissen?

Darauf müssen lediglich leitende Angestellte und Mitarbeiter in Vertrauenspositionen (zum Beispiel am Bankschalter) Auskunft geben. Hier zu schweigen wäre jedoch unklug. Sagen Sie beispielsweise einfach: „Ich war zwar nie in meinem Leben Millionär, aber ich bin immer gut über die Runden gekommen." Selbst wenn es Phasen gab, in denen das Geld knapp war, kann das kein Mensch überprüfen. Einzige Ausnahme: Wenn Sie schon mal mit Lohnpfändungen zu tun hatten, können Ihnen Schwindeleien zum Verhängnis werden. Denn es ist nicht hundertprozentig auszuschließen, dass sich die Firma bei Ihren vorherigen Arbeitgebern entsprechend erkundigt.

Rauchen Sie?

Diese Frage ist „sachlich nicht gerechtfertigt", wie es die Juristen formulieren. Gleichwohl gilt auch hier: Rauchen ist keine Schande. Und sofern es sich bei dem Interviewer nicht um einen militanten Nichtraucher handelt, dürfte dieses Laster kein Hinderungsgrund für Ihre Einstellung sein. Außerdem ist Rauchen auf Dauer kaum zu verheimlichen, selbst wenn Sie betriebliche Rauchverbote einhalten. Denken Sie daran: Lügen haben kurze Beine – und lohnen sich bei dieser harmlosen Frage nun wirklich nicht.

Sind Sie vorbestraft?

Danach darf sich Ihr Gesprächspartner nur erkundigen, wenn es sich bei dem Job um eine besondere Vertrauensstellung handelt (etwa bei einer privaten Bewachungs- oder Sicherheitsfirma). Oder wenn Sie sich beispielsweise als Taxifahrer bewerben, ist die Frage berechtigt, ob Sie schon mal wegen eines Verkehrsdelikts vor dem Kadi standen. Falls Sie vor vielen Jahren tatsächlich mal etwas auf dem Kerbholz hatten, jetzt aber schon lange wieder fest im Sattel sitzen, ist zu überlegen, ob Sie hier eine Notlüge einsetzen. Aber nur dann, wenn Sie sicher sind, dass es wirklich niemals rauskommen kann.

Sind Sie schwanger?

Darauf dürfen Sie grundsätzlich mit Nein antworten, ohne mit dem Gesetz in Konflikt zu kommen. Einzige Ausnahme: Die Anforderungen an die Stelle können von einer schwangeren Frau nicht erfüllt werden (zum Beispiel schwere körperliche Arbeit) beziehungsweise der Schutz des ungeborenen Lebens wäre nicht gegeben. Generell unzulässig sind darüber hinaus Fragen nach der letzten Regel und zur Einnahme empfängnisverhütender Mittel. Bedenken Sie aber, welche Folgen das Verschweigen einer bestehenden Schwangerschaft haben kann. Nach einigen Monaten in der neuen Firma müssen Sie damit ja zwangsläufig rausrücken. Und dann wird Ihr Chef nachrechnen – und Ihnen vielleicht unterstellen, dass Sie ihn belogen haben.

Wann möchten Sie heiraten?

Bei dieser Frage dürfen Sie lügen – sie ist ebenfalls nicht erlaubt. Doch was spricht gegen eine ehrliche Antwort? Wenn Sie zum Zeitpunkt der Bewerbung schon genau wissen, dass Sie Ihren Partner beziehungsweise Ihre Partnerin in drei Monaten vor den Traualtar führen möchten, wäre Lügen eine Dummheit. Und falls Heiraten, Zusammenziehen oder Nachwuchsplanung zurzeit für Sie sowieso nicht auf der Tagesordnung stehen, brauchen Sie vor einer ehrlichen Antwort ebenfalls keine Angst zu haben. Andererseits: Für einen Mann wird eine Heirat mithin als „stabilisierend" interpretiert. Der potenzielle Arbeitgeber wird eher glauben, dass sich der Kandidat mit der Familiengründung auch ernsthaft in der Firma engagiert. Dagegen wird eine Heirat bei Frauen immer noch dahingehend ausgelegt, dass sie schwanger werden und für den Betrieb ausfallen könnte.

Sind Sie gesund?

Auf dieses Thema müssen Sie nur eingehen, wenn Sie wegen einer bestehenden Krankheit Ihre Tätigkeit nur eingeschränkt ausüben könnten – was beispielsweise bei einem Tierpfleger mit einer Allergie auf Katzenhaare der Fall wäre. Allerdings ist auch in diesem Fall zu überlegen, wohin Unehrlichkeit führen kann. Nehmen wir beispielswiese an, Sie leiden unter chronisch erhöhten Blutzuckerwerten (Diabetes). Die meisten davon betroffenen Menschen sind in vollem Umfang arbeits- und leistungsfähig. Wenn Sie den Interviewer von Ihrer fachlichen und charakterlichen Eignung überzeugen können, wird ihn die Krankheit in den meisten Fällen also nicht sonderlich interessieren. Zudem ist die Gefahr groß, sich (im Kollegenkreis) mal zu verplappern. Das wäre dann äußerst peinlich für Sie.

Haben Sie Aids?

Eine HIV-*Erkrankung* darf zur Sprache kommen, eine HIV-*Infektion* nur dann, wenn es sich um eine Stelle im Krankenhaus oder in einer Arztpraxis handelt (akute Ansteckungsgefahr). Wenn Sie hier sagen: „Diese Frage möchte ich nicht beantworten", führt das mit Sicherheit in die Sackgasse. Eine Notlüge will jedoch ebenfalls wohl überlegt sein. Wenn die HIV-Infektion durch einen „dummen Zufall“ doch ans Tageslicht kommt, wird der Arbeitgeber unter Umständen versuchen, Sie so schnell wie möglich loszuwerden. Außerdem sind Sie in seinen Augen für immer ein Lügner.

! TIPP

Ruhe bewahren

Reagieren Sie auf heikle Fragen nicht beleidigt oder aggressiv. Es hat auch keinen Sinn, darüber mit dem Interviewer eine Diskussion vom Zaun zu brechen. Das könnte die gesamte Atmosphäre zerstören.

Ihre Fragen

Die Kandidaten können und sollen ebenfalls Fragen stellen. Machen Sie davon Gebrauch, auch wenn es Ihnen nicht extra angeboten werden sollte. Erstens spricht es für Sie, weil Sie damit echtes Interesse zeigen. Zweitens brauchen Sie die Informationen, um sich ein abschließendes Urteil über die Firma und den Job zu bilden. An dieser Stelle kommt es Ihnen wieder zugute, wenn Sie sich bereits vor dem Gespräch so ausführlich wie möglich informiert haben. Falls Sie eine Liste mit Fragen erstellt haben, dürfen Sie diese durchaus verwenden. Beschränken Sie Ihre Fragen aber auf die Firma und die gewünschte Position. Die Länge der Mittagspause oder die Höhe des Weihnachtsgeldes sollten hier besser nicht zur Sprache kommen.

Arbeitsbedingungen

Nun haben Sie es fast geschafft. Im letzten Abschnitt des Gesprächs steht noch der Arbeitsvertrag auf der Tagesordnung. Dazu gehören unter anderem folgende Bestandteile:

- *Einstellungstermin*: In den meisten Fällen möchte die Firma den neuen Mitarbeiter so bald wie möglich einstellen. Es kann aber auch vorkommen, dass bis zum Arbeitsantritt noch einige Wochen oder Monate verstreichen. Überlegen Sie, welche Kündigungsfrist Sie bei Ihrem jetzigen Arbeitgeber einhalten müssen.
- *Probezeit*: In dieser Phase des Kennenlernens können Sie und die Firma endgültig herausfinden, ob sie zueinander passen. Die Probezeit dauert in der Regel zwischen vier Wochen und drei Monaten. Während oder nach dieser Zeit können beide Seiten das Arbeitsverhältnis ohne Angabe von Gründen beenden.
- *Lohn/Gehalt*: Dabei handelt es sich um den monatlichen Bruttoverdienst (Stundenlohn beziehungsweise feststehende Gehaltssumme), von dem die Firma Steuern und Sozialabgaben abzieht und weiterleitet. Sonderleistungen wie Weihnachtsgeld oder Vermögenswirksame Leistungen sind darin noch nicht enthalten.

- *Arbeitszeit*: Dieser Begriff bezeichnet bei einem Vollzeitjob die innerhalb der Branche übliche Wochenarbeitszeit, die meistens in Tarifverträgen festgeschrieben ist.
- *Überstundenregelung*: Überstunden sind grundsätzlich Verhandlungssache. Vor allem sollte genau besprochen werden, wie Mehrarbeit abgegolten wird, wenn die Firma nicht an einen Tarifvertrag gebunden ist. (Siehe auch „Mit diesen Fragen müssen Sie rechnen“)
- *Urlaub*: Die Zahl der Urlaubstage pro Jahr ist ebenfalls überwiegend im jeweiligen Tarifvertrag nachzulesen. Darüber hinaus kann ein Arbeitgeber in Ausnahmefällen unbezahlten Urlaub gewähren.
- *Urlaubsgeld/Weihnachtsgeld*: Urlaubs- und Weihnachtsgeld sind zusätzliche finanzielle Vergütungen, die in den meisten Fällen zwischen Arbeitgebern und Gewerkschaften zuvor ausgehandelt worden sind. Wenn die Firma sich nicht an Tarifverträge halten muss, kann über die Höhe dieser Sonderzahlungen verhandelt werden.
- *Vermögenswirksame Leistungen (VWL)*: Darunter ist beispielsweise ein Prämiensparvertrag mit feststehenden monatlichen Einzahlungen zu verstehen, der nach einer vorher festgelegten Frist ausgezahlt wird. VWL sind meistens tarifvertraglich geregelt. Das heißt, der Arbeitgeber übernimmt die Sparraten.
- *Erfolgsprämien*: Prämien, die sich aus dem persönlichen Erfolg des Mitarbeiters oder der Firma

insgesamt errechnen, sind eine freiwillige Leistung des Arbeitgebers. Deren Höhe ist meist nicht verhandelbar.

- *Belegschaftskäufe*: Wer direkt in „seiner" Firma einkauft, erhält meistens einen Belegschaftsrabatt. Aufs Jahr gerechnet, kann dabei – etwa für Beschäftigte eines Warenhauses – eine erkleckliche Summe herauskommen.
- *Betriebsrente*: Viele große Firmen führen für Ihre Mitarbeiter (unabhängig von der gesetzlichen Rentenversicherung) eine so genannte Pensionskasse, in die der Arbeitgeber jeden Monat einen Beitrag einzahlt. In den Genuss der Betriebsrente kommt aber nur, wer über einen längeren Zeitrum in der Firma beschäftigt war.
- *Kündigungsfrist*: Die Kündigungsfrist liegt meist zwischen zwei Wochen und drei Monaten. Davon unberührt ist das Recht der Firma auf fristlose Kündigung bei schweren Vergehen des Mitarbeiters.

Der größte Teil dieser Punkte – Arbeitszeit, Urlaub oder Kündigungsfrist – wird meistens nicht verhandelbar sein, weil er in Tarif- oder Hausverträgen festgeschrieben ist. Verhandlungsspielraum beim Gehalt gibt es, wenn die Firma übertariflich bezahlt, Erfolgsprämien auslobt oder eine Betriebsrente in Aussicht stellt. Falls solche freiwilligen Zusatzleistungen im Raum stehen, ist zu überlegen, ob sich das Feilschen um 50 Euro monatlich mehr tatsächlich lohnt. Dennoch sollten Sie über Ihren Gehaltswunsch genaue Vorstellungen mitbringen. Im Bewerbungsgespräch fällt darüber zwar noch keine Entscheidung. Aber es muss klar werden, ob sich beide Seiten in dieser maßgeblichen Angelegenheit grundsätzlich einigen können.

Zum guten Schluss

Zum Abschluss werden nicht nur Hände geschüttelt. Manche Interviewer geben dem Kandidaten noch mal Gelegenheit, letzte Fragen zu stellen, oder erkundigen sich, wie das Gespräch für ihn war. Wenn Sie es als angenehm empfunden haben, sollten Sie das ruhig noch einmal betonen. Und wenn Sie schon ziemlich sicher sind, dass Sie den Job immer noch haben möchten, brauchen Sie das nicht zu verschweigen. Sagen Sie beispielsweise: „Vielen Dank für das gute Gespräch. Ich würde mich sehr freuen, wenn ich bald bei Ihnen arbeiten könnte."

Vor der Verabschiedung sollte noch das weitere Vorgehen besprochen werden – etwa, wann Sie mit einer Entscheidung rechnen können. Bitten Sie um eine ungefähre Frist, bis wann Sie mit dem Ergebnis rechnen können. Vermeiden Sie dabei aber den Eindruck, auf eine schnelle Entscheidung zu drängen. Falls Sie den Termin ganz schrecklich fanden: Schwamm drüber und höflich schweigen.

Nicht vergessen

- Nicht die Gesprächsführung übernehmen, aber das Gespräch mitgestalten (Fragen stellen)
- Nicht verunsichert sein, wenn das Gespräch in einer anderen Reihenfolge verläuft
- Notizen machen
- Darauf achten, dass Ihre Angaben mit der schriftlichen Bewerbung übereinstimmen
- Auch in unangenehmen Situationen freundlich bleiben
- Mit Nachfragen rechnen (Antworten begründen können)
- Flüssig und überzeugend antworten
- Nichts Schlechtes über die bisherige Firma sagen
- Gute Gründe für den Wechsel nennen
- Selbstbewusst mit Arbeitslosigkeit umgehen
- Betonen, dass Stress kein Problem ist
- Auf kritische Fragen vorbereitet sein

Nach dem Gespräch

Nach dem Vorstellungsgespräch beginnt für beide Seiten die „heiße Phase“ der Entscheidung. Ihr Gesprächspartner wird die aus Ihrer schriftlichen und persönlichen Bewerbung gewonnenen Eindrücke zusammenfassen und sie mit denen anderer Kandidaten vergleichen. Ähnlich sollten auch Sie vorgehen und sich fragen, ob Sie noch immer in dem Betrieb und in der Position arbeiten möchten. Gehen Sie das Gespräch möglichst noch am selben Abend Punkt für Punkt durch. Schließlich treffen Sie eine Entscheidung, die Ihr Leben womöglich über Jahre hinweg beeinflusst.

Auch aus diesem Grund ist es wichtig, genau hinzuschauen und alles gegeneinander abzuwägen. Wenn Sie zum Beispiel von der Firma insgesamt einen guten Eindruck hatten, bei der Stelle aber nicht sicher sind, ob sie wirklich Ihren Vorstellungen entspricht (oder umgekehrt), ist Vorsicht angesagt. Übereilte Entscheidungen können unangenehme Überraschungen bringen, die man im Augenblick nicht sieht. Gehen Sie keine faulen Kompromisse ein, die Sie später bereuen. Ein gesunder Kompromiss könnte zum Beispiel so aussehen: Falls Sie zurzeit keinen Job haben, sind Abstriche an dem einen oder anderen

Punkt durchaus zu überlegen, damit Sie den „Makel" der Arbeitslosigkeit loswerden. Und wenn Sie nach einigen Monaten merken sollten, dass Ihnen die Stelle überhaupt nicht behagt, müssen Sie sich bei einer anderen Firma immerhin nicht mehr als Arbeitsloser bewerben.

Wenn's nicht geklappt hat

Wenn Sie den Job trotz intensiver Vorbereitung des Bewerbungsgesprächs nicht bekommen haben, hadern Sie nicht mit sich und Ihren fachlichen und persönlichen Fähigkeiten. Für eine Absage kann es auch viele Gründe geben, die nichts mit Ihnen zu tun haben. Zum Beispiel diese:

- Es gab so viele gute Bewerber, dass die Auswahl einem Glücksspiel gleichkam. Sie hatten einfach Pech.
- Ein anderer Kandidat stand dem Arbeitgeber etwas näher.
- Ihr Gesprächspartner war beim Vorstellungstermin nicht in bester Verfassung und konnte sich deshalb kein umfassendes Bild von Ihnen machen.
- Ein weiterer Mitbewerber war zwar fachlich nicht besser, aber bereit, sich unter Wert zu „verkaufen".

Übung macht den Meister

Immerhin haben Sie es geschafft, unter vielen anderen eine Einladung zu einem Gesprächstermin zu bekommen. Das sagt doch bereits einiges über Ihre Qualifikation aus. Und wie so oft im Leben gilt auch hier der Grundsatz, wonach fast alles auch seine guten Seiten hat. Betrachten Sie das Vorstellungsgespräch nicht als verlorene Zeit, sondern getreu dem Motto: „Übung macht den Meister". Denn bekanntlich ist ja noch kein Meister vom Himmel gefallen. Jetzt müssen Sie die gewonnenen Erfahrungen bei der nächsten Bewerbung Gewinn bringend einsetzen.

Warum?

Gehen Sie noch einmal in sich. Versuchen Sie, Schwachstellen aufzuspüren, über die Sie möglicherweise gestolpert sind. In der Regel nennen Arbeitgeber keine Gründe für Absagen. Dabei könnte man gerade daraus viel lernen. Schrecken Sie nicht davor zurück, Ihren Gesprächspartner trotzdem anzurufen und ihn um eine kurze Begründung zu bitten. Fragen Sie ihn ganz konkret, wo seiner Einschätzung nach Ihre persönlichen Schwächen liegen oder was andere Bewerber Ihnen voraushatten. Meistens liefern die Firmen schon rein aus Zeitgründen keine Erklärungen. In einem Telefonat haben Sie aber durchaus Chancen, mehr zu erfahren.

Am Ball bleiben

Freundliche Hartnäckigkeit kann auch in anderer Hinsicht zum Erfolg führen. Wenn Sie das Gefühl haben, mit der Ablehnung ist Ihnen gerade Ihr Traumjob durch die Lappen gegangen, sollten Sie am Ball bleiben. Schreiben Sie einen Brief zurück, in dem Sie die Entscheidung bedauern und dass Sie sehr gerne in der Position und in der Firma gearbeitet hätten. Ein umsichtiger Arbeitgeber wird das Schreiben nicht achselzuckend im Papierkorb verschwinden lassen. Schließlich passiert es immer wieder, dass der bevorzugte Kandidat noch in letzter Minute absagt oder die Probezeit nicht übersteht. Dann könnte Fortuna doch noch auf Ihrer Seite sein.

Reden statt grübeln **TIPP**

Tauschen Sie sich mit Menschen aus, die ebenfalls schon länger auf Jobsuche sind. Eine gute Möglichkeit dazu bietet auch das Internet. Geben Sie Begriffe wie „arbeitslos", „Jobsuche" usw. in die Suchmaschinen ein.

Nicht verstecken

Die Gefahr, bei einer Vielzahl von Absagen in eine seelische Krise zu geraten, ist nicht zu unterschätzen. Wenn man sich wie in einem schwarzen Loch fühlt, wird es schwierig, sich im persönlichen Gespräch selbstbewusst und überzeugend zu geben. Lassen Sie es nicht so weit kommen. Besinnen Sie sich immer wieder auf Ihre persönlichen und beruflichen Stärken, die keine Absage der Welt zunichte machen kann. Auch müssen Sie sich vor niemandem verstecken oder schämen, wenn die Stellensuche länger dauert. Das kann heutzutage jeden wie aus heiterem Himmel treffen – vom Bauarbeiter bis zum Spitzenmanager.

Alles geben

Kein Mensch wartet gerne lange – schon gar nicht, wenn es um so wichtige Dinge wie um den neuen Arbeitsplatz geht. Dennoch schaden Sie sich nur selbst, wenn Sie die Stellensuche um jeden Preis innerhalb eines bestimmten Zeitraums abschließen möchten. Damit setzen Sie sich unter Druck, was viel Energie kostet. Diese Energie lässt sich sinnvoller nutzen – beispielsweise für Weiterbildungsseminare, die Ihre Chancen im Arbeitsmarkt verbessern. Außerdem steigt der Frust, wenn Sie merken, dass die Rechnung nicht aufgeht. Nur das ist wichtig: Sie wissen, was Sie können und was Sie wollen. Und Sie geben alles dafür, Ihr Ziel zu erreichen.

Ich will nicht

Eine gründliche Auswertung des Gesprächs ist auch dann sinnvoll, wenn Sie genau wissen, dass die Firma überhaupt nicht infrage kommt. Jetzt brauchen Sie Ihre Notizen aus dem Gespräch. Das Ergebnis verschafft Ihnen beim nächsten Bewerbungstermin eine noch bessere

Ausgangsposition, weil Sie Ihre Erfahrungen verwerten können. Wenn Sie mit dem folgenden Fragenkatalog an die Nachbereitung gehen, bekommen Sie schnell ein klares Bild:

- Wie ist mein Eindruck von der Gesprächsatmosphäre? Habe ich mich wohl gefühlt oder wäre ich zwischendrin am liebsten aufgestanden und weggegangen?
- War mir der Interviewer sympathisch – und ich ihm?
- War ich die ganze Zeit über nervös oder ließ die Anspannung später nach?
- Gab es kritische Situationen und Fragen? Wie habe ich darauf reagiert?
- Habe ich alle Informationen über die Firma und den Job bekommen, die ich für meine Entscheidung brauche?
- Konnte ich alle meine Fragen stellen?
- Habe ich alle Fragen selbstbewusst und überzeugend beantwortet?
- Habe ich mich insgesamt gut „verkauft"?
- Wo waren meine Schwachstellen? Wie kann ich sie beim nächsten Mal ausbügeln?
- Fühle ich mich der Position nach wie vor gewachsen?
- Will ich die Stelle immer noch haben? Was spricht dafür, was spricht dagegen?
- Stimmen die Rahmenbedingungen, wie beispielsweise die Arbeitszeit?

TIPP

Nicht nur nachdenken
Bei der Nachbereitung des Gesprächs kann es ebenfalls hilfreich sein, Ihren Eindruck auf Kassette zu sprechen. Alles, was laut ausgesprochen oder gehört wird, zeigt mehr Wirkung als reines Nachdenken.

Wann und wie nachfassen?

Wenn Sie nach der Auswertung des Gesprächs der festen Überzeugung sind, dass Sie die Stelle haben möchten, sollten Sie nicht gleich zum Telefonhörer greifen und Ihren Entschluss freudig mitteilen. Wahrscheinlich hat man Ihnen nach dem Vorstellungsgespräch einen Termin genannt, bis wann Sie mit einem Bescheid rechnen können. Warten Sie dieses Datum ab. Drängeln macht keinen guten Eindruck. Überhaupt nicht aufdringlich wirkt dagegen ein kurzer Brief, in dem Sie noch einmal Ihr besonderes Interesse an dem Job zum Ausdruck bringen. Dieses Schreiben, das den Empfänger spätestens drei Tage nach dem Gespräch erreichen sollte, kann so aussehen, wie auf Seite 93.

Falls Sie bis zum vereinbarten Entscheidungstermin nichts gehört haben, können Sie freundlich nachhaken. Rufen Sie Ihren Gesprächspartner direkt an und erkundigen Sie sich nach dem Stand der Dinge. Vielleicht will er Sie weiterhin vertrösten. Fragen Sie in diesem Fall, wann

Elisabeth Starke
Paderborner Straße 34
50168 Köln
Tel. 02 21 / 65 45 73 09

Maschinenfabrik Otto Lorenz GmbH
Herrn Frohwein
Paul-Schäfer-Straße 4

50354 Hürth

Köln, 23. März 2005

Vorstellungsgespräch am 21. März 2005

Sehr geehrter Herr Frohwein,

für das interessante Gespräch am 21. März 2005 in Ihrem Hause möchte ich mich an dieser Stelle noch einmal bedanken. Ich habe mich von Ihnen mit dem Gefühl verabschiedet, bestens über die Maschinenfabrik Otto Lorenz GmbH und über die ausgeschriebene Stelle als Einkaufssachbearbeiterin informiert worden zu sein.

Dies bestärkt mich in dem Entschluss, die Aufgabe gerne übernehmen zu wollen. Wie in unserem Gespräch bereits erwähnt, konnte ich in vergleichbaren Positionen umfangreiche Erfahrungen sammeln. Darüber hinaus dürften meine Branchenkenntnisse sowie meine Kommunikationsfähigkeit und Flexibilität für mich als die geeignete Kandidatin sprechen.

Über einen positiven Bescheid würde ich mich sehr freuen.

Mit freundlichen Grüßen nach Hürth

[Unterschrift]

Sie wieder anrufen dürfen oder ob er sich bei Ihnen meldet. Es schadet übrigens nicht, wenn Sie bei dieser Gelegenheit ebenfalls noch einmal betonen, wie sehr Sie an der Stelle interessiert sind. Vielleicht brechen Sie nach dem Telefonat ja auch in Jubelschreie aus – weil Sie soeben eine Zusage bekommen haben. Jetzt dürfen Sie zwar eine Flasche Sekt köpfen, aber einen letzten entscheidenden Fehler nicht machen – sich gleich am nächsten Tag bei Ihrer derzeitigen Firma verabschieden. Denn das gibt es auch: Nach der mündlichen Zusage wartet man wochenlang auf die schriftliche Bestätigung. Erst wenn die sicher im Briefkasten gelandet ist, heißt es: „Chef, ich kündige."

Nicht vergessen

- Keine übereilte Entscheidung für oder gegen den gewünschten Job treffen
- Die Erfahrungen aus dem Bewerbungsgespräch für weitere Gespräche nutzen
- Bei einer Absage: die Firma um Gründe bitten
- Bei einer Absage nicht in Selbstzweifel versinken, sondern sich auf das nächste Gespräch vorbereiten
- Erfahrungen über die Jobsuche mit anderen Menschen austauschen

Stichwortverzeichnis